U0078979

壓

力

心靈瑜伽減壓術
Heart Yoga
A Great Way to Soothe Out Your Stress

面對來自心靈深處的壓力，一定要學會幫自己減壓

了解後，也許你就會在失敗、迷茫、愁悶、面臨「心苦」時，
找到平衡點，找回自己的人生座標

邊書 編著

WWW.foreverbooks.com.tw   yungjiuh@ms45.hinet.r

競爭力系列　45

心靈瑜伽減壓術

編　　著	邱嫚書
出 版 者	讀品文化事業有限公司
執行編輯	林美玲
美術編輯	蕭若辰

本書經由北京華夏墨香文化傳媒有限公司正式授權
同意由讀品文化事業有限公司在港、澳、臺地區出
中文繁體字版本。

非經書面同意，不得以任何形式任意重製、轉載。

社　　址	22103　新北市汐止區大同路三段 194 號 9 樓之 1
	TEL／(02) 86473663
	FAX／(02) 86473660
總 經 銷	永續圖書有限公司
劃撥帳號	18669219
地　　址	22103　新北市汐止區大同路三段 194 號 9 樓之 1
	TEL／(02) 86473663
	FAX／(02) 86473660
出 版 日	2012年09月

法律顧問	方圓法律事務所　涂成樞律師
CVS代理	美璟文化有限公司
	TEL／(02) 27239968
	FAX／(02) 27239668

國家圖書館出版品預行編目資料

心靈瑜伽減壓術 / 邱嫚書編著. -- 初版.
　-- 新北市：讀品文化，民101.09
　面；　公分. -- (競爭力系列；45)
　ISBN 978-986-6070-51-8(平裝)
　1.抗壓 2.壓力 3.瑜伽
176.54　　　　　　　　　101013528

你是否覺得在和別人相處的時候，雖然你很真誠，可是你的人緣卻不是很好？

你是否會感覺自己最近和最親密的愛人總是發生爭執，孩子總是不聽話，家人又有那麼多的事情讓你頭疼？

你是否感覺上司總是挑你的毛病，同事比你更會處理各種複雜的關係？

你是否總是為到底當不當「房奴」，抑或是為下個月的房貸發愁，或者正在為衝動購物後刷暴的卡而發愁？

你是否會因為自然災害發生後整日心神不寧？

你是否總是有這樣的感覺，別人也會遇到人生的低谷，可是低谷卻是你整個的人生？

如果你用很多的「是」來回答以上的問題，那麼，你真的是時候該正視自己的內心，剖析自己的壓力了。

瑜伽是東方最古老的強身術之一。傳說在古印度高達 8000 米的聖母山上，有人修成聖人，亦有人成為修行者，他們將修煉祕密傳授給有意追求者，因而延傳至今。瑜伽是人類智慧的結晶，也是印度先賢在最深沉的思想和靜定狀態下，從直覺了悟生命的認知。

本書以心靈瑜伽的理論為支撐，結合生活個案，剖析了各種壓力形成的原因，指出了它們的不同表現，以及操作性比較強的減壓措施。按照形成壓力的原因，結合人們的生活實際和認識習慣。同時，在部分章節中，還會有相關的測試題，你可以據此進行自我評定。帶著評定的結果，再去閱讀本書，從中找到「瑜伽師」為你量身打造減壓的方式。

心靈瑜伽減壓術 Heart Yoga
A Great Way to Soothe Out Your Stress

調適壓力最重要的是能覺察它

的存在，這樣才能縮短它帶來

的困擾。

第一章
心靈瑜伽術
都市人的減壓聖經

　　由於社會競爭越來越激烈，就業壓力越來越大，導致職場人士每天都生活在巨大的壓力之中。

　　據某著名心理咨詢公司的統計，前來咨詢的人士中，希望化解壓力的個案幾乎佔了 50%。心理顧問認為，造成職業壓力的原因是多方面的。例如：企業內部缺乏良好的激勵機制、工作中複雜的人際關係、工作內容難度高大、自身的職業定位不正確等。

　　職業壓力會對個人的職業發展與健康帶來嚴重的負面影響，在個人身上造成的後果可以是生理的、心理的，也可以是行為方面的。常見的反應為：在心理上表現出焦慮、抑鬱、容易生氣、注意力不集中、厭倦、壓抑等，嚴重的甚至出現精神疾病；在生理方面反應有：心慌、心悸、高血壓、頭痛、失眠、過度疲勞，甚至死亡；在行為方面表現為：人際關係緊張、飲食過度或厭食、攻擊性強、故意破壞財產、濫用藥物，嚴重的還會出現自殺或企圖自殺的行為。

　　這些都是十分可怕的，所以我們一定要學會——幫自己減壓。

Heart Yoga
A Great Way to Soothe
Out Your Stress

Chapter 1.

第二章
信仰瑜伽術
堅持你認為對的事

其實一個人成功並不難，僅僅是每天堅持做自己認為對的事情，日積月累就會成就一番不平凡的事業。一個人最大的對手就是自己，自己認為對的事情，又未必心甘情願去做。一句俗話說得好「人最大的敵人不是別人，而是自己本身」。

戰勝了自己就會戰勝一切，一個登峰造極的勇者到了最後已經無人能及，卻會難以逾越自己。成功的模式就這樣簡單的擺在我們面前，那就是堅持做自己認為對的事情，直到戰勝自己。只有這樣，你才能到達人生的頂峰。

其實人在開始做一件事情之前，大腦會設計出多種的方案供自己選擇，通常你認為你會選擇正確的方案，可是結果不一定會是這樣。只會有小部分或者是極少的人做出這樣的選擇，大部分人會去選擇省事省力又不太影響自己的方案。面對困難大部分的人會選擇逃避，除非別無選擇的情況下。所以想要成功，就拿出一張紙，一支筆，每天寫出幾件你認為是對的事情去做……堅持下去，成功會是指日可待。

一個人如果沒有知識，會陷入極大的盲目性，行為也失去了依托。但無論是知識，還是行為，都應該受到信仰之心的指導，否則，知識便成了粗樸無用的知識，行為便成了低劣愚昧的行為。

Heart Yoga
A Great Way to Soothe
Out Your Stress

Chapter 2.

第三章
減壓瑜伽術
讓你的生活簡單化

　　在平凡的生活中，有多少人在討論著一個用一生也說不清的話題：「什麼是幸福？」什麼是幸福？是有花不完的金錢嗎？還是想買什麼就買什麼？也許這都不是。

　　人生最大的幸福不是來自於物資上的享受，它是精神上的一種滿足。只有對生活簡單化，那麼在生活中就會有最大限度上的滿足，所謂知足者方能常樂。

　　如果年老的父母對自己子女，最大限度的要求不是給他們榮華富貴，而是希望子女們能常伴膝下，那麼他們的晚年會在滿足的幸福中如流星般燦爛劃過；如果妻子對自己丈夫最大限度的要求不是讓自己穿金帶銀，而不過是家庭生活，那麼她也不會在丈夫長年在外中忍受無止境的孤獨，等待一個不回家的人；如果戀人間不是一味地追求完美，男人不要求女友貌美如花，只要她有溫柔；女人不要求男友體貼入微，只要他那不經意間的那一絲感動。那麼你會在她因為你需要時幫你買包香菸而滿足；會因為在吃泡麵時他為妳倒一杯飲料而感動……讓生活簡單化，你就會獲得更加幸福。

Heart Yoga
A Great Way to Soothe
Out Your Stress

Chapter 3.

第四章
滿足瑜伽術
把你的標準降低些

有很多人每天都在抱怨：「現在是沒有愛人，沒有結婚、沒有房子、沒有車子、沒有事業……」

其實這都是心態和標準的問題。那些整天在追求幸福的人沒有發現，幸福其實很簡單，只要將你的標準降低一點點，你就擁有了幸福。

幸福其實是無處不在、無時不有，只是我們某一階段的目標有點高，同時也沒有用心去體驗生活、感受生活、享受生活，所以我們總覺得幸福離我們很遠。

常常有人抱怨自己不快樂，總是整天愁眉苦臉的。其實快樂就像跳高，跳桿越低，就會越輕鬆、越無所畏懼。

快樂的標準，就像是一根可以無限拉伸的橡皮筋，你的慾望越大，它拉得越大，快樂的標準就越高。

把標準降低，我們會發現，快樂和幸福其實並不遙遠……

Heart Yoga
A Great Way to Soothe
Out Your Stress

Chapter 4.

第五章
放棄瑜伽術
得不到，就放手吧

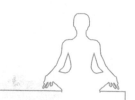

不是所有的探索都能發現鮮為人知的奧祕，不是所有的跋涉都能抵達勝利的彼岸，不是每一滴汗水都會有收穫，也不是每一個故事都會有美麗的結局。因此，我們應該學會放棄，明白這點，也許你就會在失敗、迷茫、愁悶、面臨「心苦」時，找到平衡點，找回自己的人生座標。

放棄其實是一種選擇。走在人生的十字路口，你必須學會放棄不適合自己的道路；面對失敗，你必須學會放棄懦弱；面對成功，你必須學會放棄驕傲；面對老弱病殘，你必須學會放棄冷漠，實施救助……只有在困境中放棄沉重的負擔，才會擁有必勝的信念。放棄我們必須放棄的、應該放棄的，甚至比擁有更重要。

放棄瑜伽術提醒我們，要想不讓生活壓迫就要做到：不管昨天擁有晴朗，還是陰霾，學會放棄，你將從自己的明天，獲得更新的一輪太陽，獲得任你馳騁的更大一片藍天！

Heart Yoga
A Great Way to Soothe Out Your Stress

Chapter 5.

第六章
自然瑜伽術
帶著心靈回歸本性

　　生命源自太陽，心靈源自永恆。探索心靈的核心，就是心靈源頭再發現的過程。了解心靈的源頭，賦予生命最深層的意義，也像尋找活水的源頭，是向上探索的歷程。但是為何現代人不再探索這至高無上的源頭呢？主要是因為我們受意識的支配和慾恩，就像小孩在冒險中迷失便驚慌大哭。當發現距離父母的庇護及疼愛實在太遠了，頓失所依的感覺讓我們害怕孤獨，失去冒險的動力。

　　遵循心靈的指引，用愛、開放與信任的態度生活。或許你需要負擔某些義務，但是不要忘記，當我們願意付出時，回報也是無可限量的。心靈是我們的誕生地，亦是我們未來回歸的地方。若訓練對自己的心靈敞開心扉，我們將感到與心靈的密切契合，也能感受到內心的喜悅。心靈的深度如同白光，是簡單純正的光芒，是太陽炙熱的光芒。雖然我們用肉眼無法看見日光，但是用稜鏡折射陽光時，它們會分散成七彩光束或彩虹，我們就能看見它。同樣地，當心靈白光透過經驗的反射，折射出七彩的光束時，我們便能察覺心靈的源頭。

　　自然瑜伽術要求我們，帶著心靈回歸本性，這樣，你就會發現另一片美景。

Heart Yoga
A Great Way to Soothe
Out Your Stress

Chapter 6.

心靈瑜伽減壓術 Heart Yoga
A Great Way to Soothe Out Your Stress

壓力雖然可怕，但只要正視

它、懂得抒發，就沒什麼好怕。

第一章

心靈瑜伽術
都市人的減壓聖經

Heart Yoga

A Great Way to Soothe Out Your Stress

由於社會競爭越來越激烈，就業壓力越來越大，導致職場人士每
天都生活在巨大的壓力之中。

據某心理咨詢公司的統計，前來咨詢的人士中，

希望化解壓力的個案幾乎佔了 50%。

心理顧問認為，造成職業壓力的原因是多方面的。

例如：企業內部缺乏良好的獎勵機制、工作中複雜的人際關係、

工作內容難度大、自身的職業定位不正確等。

職業壓力會對個人的職業發展與健康帶來嚴重的負面影響，

在個人身上造成的後果可以是生理的、心理的，

也可以是行為方面的。

01
都市壓力　何處來

一項名爲《Eye OnAsiaTM 亞洲探索》年度性的趨勢預測數據報告由全球最大傳播集團之一——葛瑞集團發佈。調查在澳洲、日本、中國、香港、台灣、新加坡、印度、菲律賓、印度、新西蘭、泰國、韓國、馬來西亞、越南、斯里蘭卡、孟加拉等十六個國家和地區展開。

94% 的受訪者表示「現代都市生活很有壓力」，一些生活在大城市的受訪者表示，每天都在壓力下生活，有著一大堆要做的事情，房貸等問題就像背負著三座大山。在這樣的重壓下，他們希望「生活更有樂趣」。

從這些調查中我們可以看到，現在都市人在充分體驗高科技成果所帶來的前所未有的愉悅同時，也正忍受著它帶給人們的巨大壓力。現代社會的節奏非常快，無論是生活，還是工作，壓力無處不在。人們常

常去選擇聽緩慢優美的音樂，或者外出旅遊，甚至有的地方開設了發洩俱樂部，目的只有一個：擺脫壓力、消除壓力。對於消除壓力的渴望，一方面，壓力的確爲每個人的生理和心理都帶來了巨大的侵害。另一方面，人們對於壓力的產生缺乏科學的認識。

那麼壓力又是從何而來的呢？美國著名心理學家漢斯·塞萊創立了心理應激反應學說，他把壓力的來源歸納爲「應激物」。「應激物」大致分爲三類：物理化學性質的應激物，例如嚴寒酷暑、噪音、X射線……生物性的應激物，例如飢餓、失眠、妊娠……社會性的應激物，例如離職、就業、人際矛盾……

現代心理學也將壓力歸爲四類：第一類是生存空間的壓力。我們說，一個人覺得安寧就不會感到緊張，緊張就是壓力。是否覺得安寧有三個要素：好的居住環境，好的鄰里關係，簡單的生活規則。只有在這三個條件下，人才能更好地去工作，減少壓力。

第二類是特定人群的壓力，是工作階層人的壓力。這個壓力，首先是來自於我們對財富的慾望。在都市裡物質的概念無所不在，加上各種廣告的刺激，

什麼東西都是越來越好，但是需要錢，所以大家會有賺錢的壓力。也就是說，大家不是活不下去，而是想活得更好。這就驅使人去奮鬥，去做更多的事，壓力也就加大了。

第三類是飲食結構的壓力。快餐飲食、有害食品，也會對人的心理形成壓力。還有，營養過剩本身對身體就是壓力。對身體的壓力，反過來也是一個情緒和精神的壓力。

第四類是文化壓力。文化壓力是很多人覺察不到的，但這個壓力卻剛好是最大的。一個大都市，幾代人居住在這裏，每個人對自由和人性的理解與主流文化是有差異的，不同價值觀的思想會衝突，這些又構成一個精神的壓力。

在古代，淡泊名利是一種生活取向，是智者能人的一種嚮往。諸葛亮隱居在隆中，他不願意當官，劉備還得三顧茅廬後，他才被感動了出來。但是現在的社會，不主張淡泊名利，而主張成功學，這就造成很多本來願意過一個平常生活的人，不得不去追逐名利。例如現在的孩子，讀大學不行還要讀好大學。如

果你不這樣生活的時候，就會遭到來自親人、朋友、社會的譴責。像有些孩子他不想上大學，想去工作，就要遭受很大的精神壓力，會被說成是壞孩子。造成了他們從幼年就開始產生壓力，壓力不斷累積，最終導致各種問題的產生。可見，壓力有著普遍性的一面，如果不消除就會給人帶來危害。

　　黃小姐新任一家外資公司的人事主管，外人看來她精明能幹，但黃小姐只有大專畢業，自知學歷方面略有不足，因此工作起來格外努力。可是自從升職後，她覺得工作越來越吃力了，白天精神總是不足，晚上又常常睡不著，半夜睡得迷迷糊糊的不知怎的就想到工作上去了，然而馬上清醒後卻再也睡不著了。她試著吃了幾次安眠藥，的確很有幫助。不過，由於擔心長期吃安眠藥會有副作用，就停藥了，可是一停藥又開始睡不著了。

　　就這麼斷斷續續地折騰了兩個多星期，她卻又多了一些新的毛病，像是無食慾、頭痛暈眩……幾次去醫院急診，卻什麼也沒查出來。她懷疑自己得了什麼怪病，可是跑了多家醫院檢查後都說身體是正常的，

這讓她更覺惶恐不安。而且，這兩個月來竟瘦了 6 公斤，連眼睛都凹陷下去了。最後，她在精神科找到了病因，醫生檢測後告訴她，她是處於一種亞健康狀態，她的病實際上是「壓力」導致的。

米勒有一幅畫名字叫《外出工作的人》。這幅畫，畫的是一對年輕的農民夫妻天晚收工的情景。法蘭西的農村，法蘭西的田園，男的肩膀上扛著一把木叉，女的提著一個瓦罐，他們是收工往家走，靠得很近。在這種恬淡的田園生活我們看不到一點壓力的影子，而現代都市人就是永遠沒有滿足感，追求永無止境，才造成了自身壓力的增加。

就如自然規律一樣，鳥吃飽了就跳上枝頭歌唱，人吃飽了卻是皺眉頭，不只是要想下一頓，還想要比別人大的房子。人還有一個最大的特點就是不想與別人平等，都想比別人優越，富有還想有地位，有個官職，官職比別人小了又不甘心，要比別人大，起碼不能比別人低。城市珠光寶氣，但城市的人不滿足，總覺得自己不夠富有，自己有了車，別人卻有了好車，自己有了房子，別人卻有了兩間房子；自己有了樓，

別人卻有了別墅……這些，最終構成了人們的壓力來源。

雖然俗話說：「人不能沒有壓力」，但壓力不是越多越好。我們應一分為二的看待壓力，應該看到它在督促人們前進中的作用。每一個人都有一個壓力的承受極限，超過這個極限，如果不能及時排解，就會出問題。現代都市人壓力普遍已超過壓力的警戒線，許多人甚至已經超過界線，這也正是心理醫生這個職業日益熱門的原因。當然，如果壓力太小或沒有壓力，人們就會失去動力，不思進取。俗話說：「人要逼，馬要騎。」每個人應該根據本身條件，把壓力維持在最佳程度，只有這樣才能「臨壓力而不懼」，真正體驗快樂生活。

02
一分鐘　測出你的壓力等級

壓力雖然可怕，但只要正視它、懂得抒發，就沒什麼好怕。調適壓力最重要的是能覺察它的存在，這樣才能縮短它帶來的困擾。若能在壓力反應的早期就發現，並想辦法加以疏解，仍然可以享受生活，做一個輕鬆愉快的現代人。

不過在準備調節壓力之前，先來好好測量你的壓力有多少，以下這份壓力測驗表的目的，在於測驗你目前的生活壓力指數，請以直接反應作答。

第一部　健康壓力知多少？

1. 我每個星期至少有四個晚上能睡足七個小時。

A. 總是 -1分　B. 常常 -2分　C. 普通 -3分

D. 偶爾 -4分　E. 從未 -5分

2. 每天我至少吃一頓營養均衡的餐點。

A. 總是 -1分　B. 常常 -2分　C. 普通 -3分

D. 偶爾 -4分　E. 從未 -5分

3. 我有菸癮，而且每天的抽菸量超過半包。

A. 總是 -5分　B. 常常 -4分　C. 普通 -3分

D. 偶爾 -2分　E. 從未 -1分

4. 不論是喜好或是需要，我平均每週喝酒超過5杯。

A. 總是 -5分　B. 常常 -4分　C. 普通 -3分

D. 偶爾 -2分　E. 從未 -1分

5. 每天喝咖啡、濃茶超過3杯。

A. 總是 -1分　B. 常常 -2分　C. 普通 -3分

D. 偶爾 -4分　E. 從未 -5分

6. 每週至少會做兩次能出汗的運動，每次至少30分鐘。

A. 總是 -1分　B. 常常 -2分　C. 普通 -3分

D. 偶爾 -4分　E. 從未 -5分

7. 我的家族中曾有人罹患重度憂鬱症，還不止一位。

A. 總是 -5分　B. 常常 -4分　C. 普通 -3分

D. 偶爾 -2分　E. 從未 -1分

8. 我的身體質量指數（BMI）適當 BMI（kg/m2）。

（男性介於 20 至 25，女性在 18 至 22 之間）

A. 總是 -1分　B. 常常 -2分　C. 普通 -3分

D. 偶爾 -4分　E. 從未 -5分

第二部　生活壓力知多少？

1. 你是否因為收入不足，常常為金錢而煩惱。

A. 總是 -5分　B. 常常 -4分　C. 普通 -3分

D. 偶爾 -2分　E. 從未 -1分

2. 我每週至少做一件讓自己覺得開心的事。

A. 總是 -1分　B. 常常 -2分　C. 普通 -3分

心靈瑜伽減壓術 Heart Yoga
A Great Way to Soothe Out Your Stress

D. 偶爾 -4 分　E. 從未 -5 分

3. 我能有效率的管理時間，工作時專心工作，休息時
盡情放鬆。

A. 總是 -1 分　B. 常常 -2 分　C. 普通 -3 分

D. 偶爾 -4 分　E. 從未 -5 分

4. 我有一項維持 2 年以上的嗜好，且每週都有空閒執
行。

A. 總是 -1 分　B. 常常 -2 分　C. 普通 -3 分

D. 偶爾 -4 分　E. 從未 -5 分

5. 會找時間參加社交活動。

A. 總是 -1 分　B. 常常 -2 分　C. 普通 -3 分

D. 偶爾 -4 分　E. 從未 -5 分

6. 我能在必要時與家人討論家務事 ── 如錢、例行家
事。

A. 總是 -1 分　B. 常常 -2 分　C. 普通 -3 分

D. 偶爾 -4分　E. 從未 -5分

第三部　人際壓力知多少？

1. 每天能給自己獨享的安靜時刻，至少1個小時。

A. 總是 -1分　B. 常常 -2分　C. 普通 -3分

D. 偶爾 -4分　E. 從未 -5分

2. 我至少有一個密友，可以吐露心事、情感交流。

A. 總是 -1分　B. 常常 -2分　C. 普通 -3分

D. 偶爾 -4分　E. 從未 -5分

3. 一直都有人可以關心我，我也有可以關心的人。

A. 總是 -1分　B. 常常 -2分　C. 普通 -3分

D. 偶爾 -4分　E. 從未 -5分

4. 在離自己車程一小時的範圍內，至少有一位可信賴的親友。

A. 總是 -1分　B. 常常 -2分　C. 普通 -3分

D. 偶爾 -4 分　E. 從未 -5 分

5. 當極度生氣或非常憂愁時，我能面對並討論此情緒。

A. 總是 -1 分　B. 常常 -2 分　C. 普通 -3 分

D. 偶爾 -4 分　E. 從未 -5 分

6. 我有虔誠的宗教信仰，且能從其中得到力量。

A. 總是 -1 分　B. 常常 -2 分　C. 普通 -3 分

D. 偶爾 -4 分　E. 從未 -5 分

評價結果：

40 分以下

你是無憂無慮的輕鬆高手。

恭喜你！雖然身在都市叢林中，但是你是個聰明面對壓力的人，能善用一切社會網絡和自我調適，目前對於生活壓力的調適狀況極為良好，只要維持現

況，願你能持續維持身體健康和心理愉快，永遠做個
快樂天使！

41~60 分

你是尚稱悠遊的都市魚兒。

雖然目前在生活中感受壓力，但還在可接受的
合理範圍內，不至於造成心理上的負擔。如果你希望
自己更自在點，不妨常常出去走走或找人談心，建立
自己的壓力疏解管道、或參考一些有關壓力調適的書
籍，請教一些輔導咨詢機構、上一些心靈成長的抒壓
課程，會讓你面對壓力更有自信！

61~80 分

你是對抗壓力的城市鬥士。

小心了！你目前極可能已承擔了過度的壓力負
荷，回想一下之前回答的問題，到底是什麼造成自己
的壓力？如果是飲食起居作息不定，那麼可以調整生
活的方式來改善壓力的調適；如果你生活中有許多不
得不負擔的責任，那麼外在有他人適度的支持或內在

有寄託安定的力量，也可以減少許多壓力；當然，增加自己解決外在問題和調整內在心情的能力，可以直接改善壓力的調適狀況。如果感到壓力已經影響到你的日常生活、求學工作時，不妨試著求助醫療院所，醫師及心理咨詢可以給予你更專業的協助。

81 分以上

你是抑鬱寡歡的苦命阿信。

注意！你的壓力負荷已經亮起大紅燈！試著回顧一下自己的狀況：飲食起居的作息不定，生活的忙碌緊張是否使自己有許多的身體症狀（如頭痛或其他肌肉疼痛、腸胃不適、疲倦虛弱、胸悶、心悸等），或者感到自己心情不穩定，較容易對他人發脾氣或心情低落，卻不太有人瞭解自己的心情，或許生活中的責任也使自己沒有時間去處理自己的問題。當你感到壓力已嚴重影響你的求學就業、日常生活時，可以從輔導咨詢機構尋求心理方面的協助，也不妨試著求助醫療院所，醫師及心理咨詢可以給予你更專業的協助。祝你能早日改善自己的身心壓力狀態。

03

壓力　是動力還是阻力

　　現在是一個競爭激烈，充滿壓力的時代。學生有課業升學的壓力；工人有失業後再就業的壓力；公務員有優勝劣汰的壓力；商家有市場競爭的壓力；就連退休的人也有壓力：有孤獨的壓力，有疾病的壓力等等……

　　人們之所以會產生壓力，是由於一個人的某些需要、欲求、願望遇到障礙和干擾時，進而引發出心理和精神的不良反應。壓力如同「水可載舟，也可覆舟」一樣，既有好的一面，也有壞的一面。如果能把壓力變成動力，壓力就是蜜糖；如果把壓力憋在心裡，讓它無休止地折磨自己，那就是砒霜。

　　其實，人有壓力不可怕，可怕的是憋在心裡，變成心靈的枷鎖。這樣，人就會失去理智的判斷能力，失去激發潛能的自由。西方有句諺語：「壓垮駱駝的最後一根稻草。」同樣的道理，工作生活中的煩心瑣

事，也會對人造成心理和精神上的壓力，並直接影響人的健康和生命。

有個 50 多歲的教師，以前經常和朋友一起在公園裡鍛鍊身體。去年他體檢時，發現肝臟有點問題，從此心情沉重，精神不振，不到半年竟形容枯槁。沒過多久，從前一起鍛鍊身體的朋友就聽說他猝然離世。醫生說，他的生命不是因為肝病而結束，是被心理壓力奪走的。

其實壓力具有兩面性，它既有破壞性力量，也有積極的促動力量。「壓力能夠變動力」，這是物理學上的一條定理。傳說美洲虎是一種瀕臨滅絕的動物，世界上僅存十幾隻，其中祕魯動物園裡有一隻。祕魯人為了保護這隻美洲虎，專門為牠建造了虎園，裡面有山有水，還有成群結隊的牛羊兔子供牠享用。奇怪的是，牠卻只吃管理員送來的肉食，常常躺在虎房裡，吃飽了睡，睡飽了吃。

有人說：「失去愛情的老虎，怎麼能有精神？」為此，動物園又定期從國外租來雌虎陪伴牠。可是美洲虎最多陪「女友」出去走走，不久又回到房裡，還

是打不起精神。一位動物學家建議說：「虎是林中之王，園裡只放一群吃草的小動物，怎麼能引起牠的興趣。」動物園裡的管理人員採納了專家的意見，放進了三隻豺狗，從此以後，美洲虎不再總是睡覺了。牠時而站在山頂引頸長嘯；時而衝下山來，雄赳赳地滿園巡邏；時而追逐豺狗挑釁。

這故事讓我們看到，美洲虎有了攻擊的對手，也就有了壓力。也因為有了壓力使牠精神倍增，與以前大不同了。

同樣的故事也曾多次發生在人類身上：

宋徽宗是一位喜歡書畫並且有很深造詣的皇帝。他有一天問隨從：「天下何人畫驢最好？」隨從回答不出來，退下後急尋畫驢出名者姓名，焦急中得知一名叫朱子明的畫家有「驢畫家」之稱，即召朱子明進宮畫驢。

朱子明得知被召進宮是為皇上畫驢時，嚇出一身冷汗。因為他根本不會畫驢，他本是畫山水的畫家，因為有同行戲弄而給他取了個「驢畫家」的綽號，他

並非擅長畫驢才得的「驢畫家」。但皇上之命不可違，情急之下的朱子明苦練畫驢技術，先後畫了數百幅有關驢的畫，最後竟陰錯陽差地得到了皇上賞識，真正成了天下第一畫驢之人。

　　從朱子明「被逼畫驢」的壓力小故事中，我們看到了壓力管理的精華——變壓力為動力！對於我們來說，適度的工作壓力可以使人集中注意力、提高忍受力、增強機體活力、減少錯誤的發生。

　　壓力可以說是機體對外界的一種調節的需要，而調節則往往意味著成長。我們要在工作壓力情境下不斷學習應付的有效辦法，可以使應付能力不斷提高，工作效率也會隨之上升，所以，壓力是提高人的動機水平的有力工具。

　　前文我們已經介紹壓力產生的原因是多方面的，我們應該結合自己的特點，進行壓力管理。但整體上應該注意五個原則：

1. 適度原則

進行壓力管理並不是不顧組織的經濟效益而一味

減輕工作壓力，最大化滿意度，而是要適度，最主要是適合自己。

2. 具體原則

由於工作壓力在很大程度上是一個主觀感覺，因此在進行壓力管理時，要區別不同的情況採取不同的策略，根據面臨壓力的不同特點做到具體問題具體分析。

3. 崗位原則

不同的人面臨的工作壓力不同。一般崗位級別越高，創新性越強，獨立性越高的員工，承受的壓力也就越大。例如營銷部門的壓力一般比較大，因為銷售業績的好壞不僅取決於自己努力的程度，還與客戶、市場大環境、競爭對手有關係。所以，我們要根據自己的工作崗位設立壓力目標，進而緩解壓力。

4. 引導原則

由於工作壓力的產生是不可避免的，所以引導工作壓力向積極的一面發展就顯得很重要。對我們來說，有些外在因素是不可控的，例如面對強大的競爭對手，這時可以靈活地將壓力變為動力，激發自己更

多的工作熱情。

5. 區別原則

在消除工作壓力前，首先要找出工作壓力的來源並區別對待。有些工作壓力是可以避免的，例如由於員工之間不團結，人際關係複雜造成的工作壓力；而有些工作壓力，例如來自工作本身的壓力是不可避免的，只有透過提高本身的工作能力和心理承受能力來解決。

我們說，閃閃發光的金剛石與平常的石墨有著天壤之別。然而，化學家的結論卻令人驚異：金剛石與石墨一樣，都是由碳原子構成，並且，石墨竟然能變成金剛石。石墨在5-6萬大氣壓（5-6x103MPa）及攝氏1000至2000度高溫下，再用金屬鐵、鈷、鎳等做催化劑，就可使石墨轉變成金剛石。

那麼，我們要怎麼把「石墨」變成「金剛石」呢？很簡單，那就是激勵自己。激勵會讓我們更加勇敢地面對壓力，讓我們更快的成長，這樣我們就會更加成功。當然，激勵也不是盲目的，要適度以及合理。要及時調整心態，換種方式思考：壓力越大，越能提高

自己的能力。以後碰到相同的人、事，就不會不知所措。這樣，壓力就會轉化為前進的動力，並激勵我們不斷進步。

04

尋找一個 最佳壓力點

有一個廣爲流傳的小故事：

在非洲大草原上，每天早晨，羚羊睜開眼睛所想的第一件事就是：「我必須比跑得最快的獅子跑得還快。否則，我就會被獅子吃掉。」而就在同一時刻，獅子從睡夢中醒來，首先閃現在腦海裡的第一個念頭是：「我必須比跑得最慢的羚羊跑得快。要不然，我就會餓死。」於是，幾乎是同時，羚羊和獅子一躍而起，迎著朝陽跑去。

這個故事的寓意很多，其中一點就是：適度的壓力是生命所必需的。由於生存的壓力，使羚羊成了「奔跑健將」，獅子成了「草原獵手」。

壓力是人生的燃料。沒有壓力，就沒有動力，沒有動力就不能挖掘出潛力！

　　對學生來說，他們的生活和學習中最不可或缺的就是壓力。行為醫學研究發現，追求成就感和事業成功，是人類行為極其重要的動機之一。當有可能人們真的生活在沒有任何壓力的真空狀態之中時，他們便不會再有努力追求事業和幸福的決心和行動！

　　心理學研究發現，適度的壓力能使員工處於合理的應激狀態，對員工的行為表現有積極作用。而過度的職業壓力如果得不到合理緩解和釋放，將會使員工的工作能力難以得到正常水平的發揮，並引起他們生理和心理上的不適與疾病。例如，生理上的症狀有：經常感覺疲勞、食慾下降、睡眠品質變差、容易生病等；心理上的症狀有：緊張、煩悶、焦慮、易怒、悲觀、抑鬱、絕望等。對員工有重大意義的突發事件引起的壓力或長時間的過度壓力，將極有可能影響員工的身心健康，甚至生命。

　　面對這種現象，我們首先要做的就是找出產生壓力的原因。其實，導致職場壓力的因素是多方面的，既有客觀的，也有主觀的。這些因素大致可以分為職場因素和個體主觀因素兩大類。

　　職場因素主要指產生壓力的客觀因素，包括：工作任務過重、工作難度較大、競爭激烈、預期的目標久久不能實現、工作前景不看好、人際關係緊張、員工與工作要求不匹配、工作環境對順利開展工作不利等等。

　　不同的員工對上面這些職場因素的感覺、解釋和評價是不一樣的。員工的個體主觀因素 (如年齡、性別、動機、意志、能力等) 將決定職場因素是否成為壓力源和知覺到的壓力大小。例如，成就動機強的員工喜歡有壓力的工作 (任務重的工作)，願意接受挑戰；能力強的員工對工作應對自如，不會感覺到壓力 (不怕跳槽、失業)；意志力強的員工對壓力的承受能力大，通常能比意志力弱的員工承受更大的壓力 (勞動強度大、難度大的工作)；與男性員工相比，女性員工更容易因工作和家庭的衝突而產生工作壓力；研究人員的一項研究結果顯示，20 ～ 30 歲的員工工作壓力最大。

　　應如何緩解和消除職場壓力？職場因素更多的是一些管理問題。減少或消除這些因素對員工造成的壓

力的具體措施是：將員工與崗位相匹配，根據員工的興趣、能力、人格，讓最合適的員工做最適合的工作。同時，幫助員工優化其工作方式，充分授權，創建寬鬆、自由、更利於員工高效率工作的環境。但是這並不意味著完全不需要壓力，因爲沒有壓力也會讓人懶惰，這就需要我們找到適度的壓力點，讓自己處於最佳的壓力狀態。

那麼如何保持最佳壓力點呢？首先，保持積極的心態是對壓力進行自我調適的關鍵。承認一個人並不能控制和改變工作中的所有事情，有自己完全勝任的工作，也有自己做不好的，出現意料之外的結果在所難免。而且，職場因素中有些是不可避免或很難在短時間內排除的，如競爭激烈、失業等。

其次，發覺工作中有意義的方面，培養自己對工作的興趣。做自己喜歡、感興趣的工作，願意投入更多的時間和精力而不會感到辛苦和壓力。

再來，要不斷摸索適合自己的有效工作方式，盡快熟悉自己的業務、提高自己的業務能力。

當然，如果自己清楚地知道壓力是因爲工作任務

重、工作環境不利造成的，要敢於告訴上司，要求重新分配工作任務，並改善工作條件和環境。如果產生壓力是因為自己能力不夠或不適合做，而不是自己不願做，也不要羞於告訴上司安排他人協助完成或幫自己調整工作。畢竟，強迫自己做不能做或不適合做的工作，痛苦的是自己，影響的是工作。

　　適度的壓力點不僅能讓我們輕鬆工作，同時還能幫助我們減緩衰老。一直以來人們都認為，壓力是保持青春最大的敵人。但是最近在倫敦舉行的第二屆防衰老會議上，專家們提出了兩份新的研究成果，認為壓力療法是一種新的抗衰老辦法，不僅可以延長壽命，還能美容。

　　丹麥奧爾胡斯大學細胞衰老實驗室的萊坦教授在這次會議上指出，他在進行一個試驗時發現：讓試管中的皮膚細胞每週 2 次、每次 1 小時，暴露在攝氏 41 度的空氣裡，結果這些細胞的形態更好，被破壞的蛋白質的數量明顯減少，同時，它們也更不易受紫外線的影響。

　　雖然 41 度是人體嚴重發燒時才能達到的體溫，

但在人感到有壓力時，體溫同樣會上升，這樣也能夠達到相似的美容、抗衰老效果。

英國隆格維提社區的醫療主任莫爾斯‧科萊茲斯博士也是著名的抗衰老療法專家。他指出，身體衰老多從 35 歲開始，所以 35 歲之後要尋找合適的壓力感來刺激身體進行自我調整。

需要強調的是，只有適度的壓力才是有用的，即時間不長、刺激不大、能讓人最終有成就感的壓力。例如：為了準備豐富的晚餐而冥思苦想菜單，為瞭解某種機器的操作而不得不學習。而長期處於巨大壓力之下則對健康有害，因為這會導致人變的非常消沉。

每個人都需要尋找最佳的壓力點。因為適度的壓力，將會使學生成為一個有理想、有追求、有上進心、有毅力、有決心的人；適度的壓力，就如同為小雛鳥安上了一對會飛的翅膀；適度的壓力，就如同給了老鷹一雙透視一切的眼睛！

讓我們學會心靈的瑜伽術，在緩解壓力的同時，學會自我建立最佳壓力點，這樣才能讓我們的生活更加輕鬆、快樂。

心靈瑜伽　都市減壓聖經

Candy，30 歲，畢業於某醫科大學，第一份工作是在一家藥業公司做銷售代表。由於丈夫工作調動，她隨丈夫南下來到高雄，並成功進入了一家醫藥公司繼續做銷售代表。由於她在銷售方面累積了較豐富的經驗，很快成為公司的銷售精英。

隨後，公司將她提拔為區域銷售經理，並負責管理一個十多人的銷售團隊。Candy 是一個責任心很強的人，對下屬的要求特別高。由於公司每個月都要進行業績考核，她絕不允許自己團隊的業績比別的團隊差。因此每當她看到下屬對工作不負責或者不能按時完成任務時，她就感到特別生氣。

為了完成銷售業績，Candy 常常加班，所以無法好好地照顧兩歲多的兒子，對此，丈夫不時有一些抱怨。不久，Candy 越來越覺得工作與家庭很難兼顧，感到壓力越來越大。此時公司又不斷地再提高銷售任

務，Candy 更感到吃不消。對工作的激情迅速地降溫，她曾想辭掉工作，好好休息一下，但一想到兒子才剛剛上幼稚園，家裡積蓄不多，丈夫收入又不高，所以只好又打消了這個念頭。最後，Candy 的情況越來越嚴重，還產生了嚴重的失眠，不得不求助於安眠藥，同時還需要做心理輔導。

像上面故事中 Candy 的現象，在我們周圍並不少見。人們因為過度的壓力而產生不良的症狀，導致家庭不和睦。這該怎麼辦呢？其實，不妨學習心靈的瑜伽術來給自己減壓。

生命是真實的，而肉體和精神就是支撐生命的原動力。如果我們遭遇任何困難，應以自己的力量來解決。而瑜伽就是幫助自己的最好方法。人常說：「先除心病，再醫身病」。心靈瑜伽的目的在於除去身心壓力達到頓悟境地，這不只是強調肉體的健康、精神的健康，而主要是靈性的提升。

心靈瑜伽包括兩個方面：一是心。即指精神的健全，精神能改變我們的肉體和命運。所謂「心猿意

馬」，其實要心靜下來不容易。瑜伽告訴我們如何繫緊人心，讓人不被外來的刺激所誘惑，並進一步提升到淨化與解脫的境地。

「心」是念頭、是想像力、亦是創造力。若祈禱我已得到時必能如願，先靜坐後祝福祈禱，善用心的法則。心能解決一切日常的疑難雜症，並告訴我們如何使心柔軟和堅強的妙方。

心靈瑜伽的另一方面就是靈。即指靈性的提升，從冥想中以參悟解脫身心之法。靈性的提升能使小我的意識提升至高覺醒的階段，與永恆無限的至上意識融合為一。同時，瑜伽在心理上亦能控制思想的波動，突破我們週遭所經歷的痛苦；亦能從輪迴的束縛中自我解脫。

瑜伽的目的在於領悟，追求真正的人生，進而建立一個所有自然物都能和平共容的世界。瑜伽即融合，調和之意。我們應與天地間一切和解，而只要學習真正的瑜伽，可以達到身心的健康，自然而然也能得到自然的身心和生活。

其實，我們內心認為壓力才是壓力，改變了思維

就改變了感受。也就是說，人是可以自我調節的。自我調節有兩個層面，一個是觀念上的，一個是軀體上的。心靈瑜伽教會我們透過改變觀念來適應環境，這裡不外乎三條原則：

原則之一就是所有的痛苦跟你選擇的觀念系統有關，如果改變了觀念，壓力造成的心理痛苦會不藥而癒。為什麼？因為我們的行為、思想、慾望常常被自己的觀念系統限制，不能隨心所欲地生活，這就產生痛苦。

原則之二就是所有心理痛苦都是有意義的，所有的體驗對生命都是重要的。心理痛苦是自我在成長中的必經階段，既然是成長的煩惱，也要靠成長去解決。

如果明白情緒的困擾是一種人類生存的自然狀態，快樂和憂傷是交替著的，開朗和沉抑也是交替的，就像白天與黑夜一樣，我們就可以把情緒困擾想像為一個不期而來的「客人」。家裡客人來了，會讓你感覺不舒服，不能那麼隨便了，行坐、穿衣要規矩一些，說話、做事也有了禁忌。但客人會走，他不是你家裡

的人，這樣一想，就不那麼難受了。

原則之三就是文化造就了人類的輝煌，也造就了人存在的困境。文化把無極的世界變成有極，把無序的社會變得有序，把具有動物天性的人從自然界剝離成為循規蹈矩的社會人。

按照主流文化模式，每個人都必須削足適履去成為一個普通人，需要去個性加共性來符合文化期望。就像契訶夫筆下的《裝在套子裡的人》，我們正是被強行裝入文化套子中的人。裝在套子裡的你不可能沒有壓抑的痛苦，如果你認同這個痛苦，那麼痛苦就不再煩惱你，反倒成為你的資源。如果你不認同這個痛苦，希望沒有它，或者試圖快速消除它，那麼你就擴大了這個痛苦。

其實我們會產生壓力的原因就是因為我們期望尋找幸福。但幸福沒有客觀的標準，它是由我們內心的感覺、個人對幸福的價值認同以及身體與心靈是否舒適和諧三個因素構成。

不難看出三個構成因素都與當事人有關，與他所處的地位、社會肯定、他人贊同的關係並不是非常

大。其實真正的幸福是不存在的，只存在人們對幸福的不同解釋。就像名言「真理是不存在的，存在的只是不同的對真理的解釋」一樣。現實中的幸福和曇花一樣，只是生活中短暫一現的芬芳。但內心的幸福是存在的，這種幸福實際上是對自己的一種態度。

喜歡自己的人，容易喜從心來；不喜歡自己的人，悲從心起。「快樂是一天，不快樂也是一天，何不選擇快樂！」幸福也一樣，首先人要有感受幸福的能力，這種能力的前提是有良好的自我認同，對現實的滿足感、對生活不帶有過高期待。所以，幸福與否在於我們內心的選擇。我們選擇幸福，那麼會有一千個理由讓我們愉悅滿足。我們選擇痛苦，也會有一萬個理由讓我們悲傷失落。那麼，我們為什麼不選擇幸福，而轉而要選擇壓力呢？

從現在開始，跟著本書學習心靈瑜伽，讓我們真正的感覺到幸福，讓壓力轉化為我們的動力吧！

心靈瑜伽術小結

瑜伽是一個非常古老的能量知識修煉方法，集哲學、科學和藝術於一身。瑜伽包含伸展、力量、耐力和強化心肺功能的練習，能促進身體健康，有協調整個機體的功能，在學習如何使身體健康運作的同時也增加了身體的活力。此外，培養心靈和諧和情感穩定的狀態也引導你改善自身的生理、感情、心理和精神狀態，使身體協調平衡，保持健康。所以，我們除了用肢體瑜伽姿勢修煉身心外，還可以透過心靈瑜伽達到瑜伽的最佳境界。

總之，瑜伽是生理上的動態運動及心靈上的練習，也是應用在每天的生活哲學。所以，心靈瑜伽是必不可少的環節。

心靈瑜伽減壓術 Heart Yoga
A Great Way to Soothe Out Your Stress

只有「自愛」的人，才能征服

自己，影響自己，進而更有效

地影響他人。

第二章

信仰瑜伽術
堅持你認為對的事

Heart Yoga
A Great Way to Soothe Out Your Stress

其實一個人成功並不難，僅僅是每天堅持做自己認為對的事情，

日積月累就會成就一番不平凡的事業。

一個人最大的對手就是自己，自己認為對的事情，又未必心甘情願去做。

一句俗話說得好「人，最大的敵人不是別人，而是自己」。

戰勝了自己就會戰勝一切，

一個登峰造極的勇者到了最後已經無人能及，卻會難以逾越自己。

成功的模式就這樣簡單的擺在我們面前，

那就是堅持做自己認為對的事情，直到戰勝自己。

只有這樣，你才能到達人生的頂峰。

01 定一個 最適合你的目標

有隻毛毛蟲，到森林裡找蘋果吃。

牠爬到了蘋果樹下，知道這是一棵蘋果樹，也確定牠的「蟲」生目標就是找到一棵大蘋果。牠看好了一個蘋果，於是就向那個蘋果一步步地爬。當爬到快與這個蘋果接近的時候，牠發現這顆大蘋果是全樹上最小的一個，旁邊的樹上還有許多更大的蘋果，這是很令牠洩氣的事。於是，牠想要跳過去到旁邊的樹上，結果卻摔死了。

看到這則寓言中的毛毛蟲，雖然知道自己想要什麼，也有自己的目標。但是就當牠接近目標的時候，又覺得自己的目標定的太低想要換到旁邊樹上更大的「目標」，結果沒有達到新的目標，連自己原先的目標也無法實現。

其實我們的人生就是毛毛蟲，蘋果就是我們的人

生目標，而爬樹的過程就是我們人生的道路。很多人都會幫自己制定目標，但是最後卻發現沒有實現。這讓我們原本所有的付出付諸東流，半途而廢。目標就像是我們成功的「充電器」，一定要選擇適合自己的。

北宋時候的佛印禪師是金山寺名僧，蘇東坡被謫黃州時，經常找其請教。

有一日，蘇東坡和佛印談禪，說起習禪之道，蘇東坡講得天花亂墜。他以為自己這麼一講，佛印定會和他爭執一番，自己的禪學也會在辯論中得以提升。沒想到，佛印禪師呵呵一笑，沒有接蘇東坡的話題，而是帶了釣竿來到江邊垂釣，說要犯殺生忌，幫蘇東坡改善一下生活。

到了江邊，看佛印執桿垂釣，很多人都不理解，說出家人慈悲為懷，怎麼也做起這殺生的事了？佛印禪師置之不理，儘管下鉤。很快的，佛印禪師釣竿一揚，釣上來了一條大魚，足足有三尺長。沒想到，佛印禪師把魚鉤從魚嘴中摘下後，就把魚丟進了長江中。

這個時候，再也沒有人懷疑出家人應慈悲為懷的道理了，而是一片惋惜聲。蘇東坡說：「一桿下去，釣上來這麼大的一條魚，可是佛印依然心中不滿意，可見出家人也是有慾望的。」

很快，佛印又釣出了一條二尺長的魚，佛印依然把魚扔進了長江中。蘇東坡評論說：「這叫希望越高，失望越大！」當佛印第三次把桿揚起時，釣出來的是一條長不足一尺的小魚。這次，佛印卻極其珍貴地把魚裝進了魚簍中。

蘇東坡哈哈一笑：「禪師，你這是明智之舉呀！如果再把牠扔掉，恐怕今天再也釣不到魚了！」

佛印禪師說：「你為什麼總是要考慮利益得失？你怎麼沒有想到寺中盛魚的盤子只有一尺長呢！」

「是呀！一尺長的盤子，只能盛放不足一尺的魚呀！」

說到這裡，佛印禪師深有感歎地告訴他說：「一尺長的盤子，只能盛放不足一尺的魚，這也是禪呀！一個人的一生中，最重要的是看準適合自己的目標而努力，否則，盡出最大的努力也得不到正果，心中還

將永遠充盈著不滿的情緒。」

　　是啊！做什麼事都要量力而行，就像是佛印禪師，要煮魚必然要考慮盛放魚的餐具的大小，儘管三尺長的魚是那樣的誘人。但是，由於魚盤的限制，吃到嘴裡還是要費一番周折的。與其為三尺長的大魚為難，倒不如吃一尺長的小魚，看準適合自己的目標，才能盡快到達理想的彼岸。

　　更為珍貴的是，在我們的生活中，既然選擇了適合自己的奮鬥目標，就不要為不切合實際的利益所誘惑，因為，只有適合自己的才是最好的，穿一雙適腳的鞋子才能取得跑步冠軍。

　　只有極少數幸運者能夠獲得從天而降的成功、名望和金錢。對大多數人來說，成功需要明確自己的目標，並付出艱辛的努力。而這個目標是需要你定出的，它要真正符合你的性格、發展和想法，而不是盲目的空想。如果盲目地制定目標，那結果可能有兩種，一種就是失敗；另一種就是更加貪婪。

　　我們需要制定適合自己的目標，並且根據列出的

目標邁向成功。

　　想要自己的目標完成又適合自己，我們不妨這樣做：即花時間考慮清楚：自己希望在個人素質、人生事業和金錢收入上分別達到什麼目標，並且深入、廣泛、積極地考慮這個問題。什麼是能夠讓你真正興奮和愉快的？是演奏樂器，是成為部門的經理，還是賺足夠的錢，到 50 歲就退休？還要用積極向上的語言，寫出自己的目標和完成的時間，確保這些目標是具體的、可實現的，而且能夠在合理的時間內實現。同時，目標的可控性也很重要，無論是培養技能、學習行業知識、改善工作業績等是可以控制的。例如：定期拜訪客戶是你可以控制的，而要銷售一種缺乏競爭力的產品，則可能超出了你的控制範圍。

　　遠大的目標往往離得很遠，我們要將遠大的目標分割成每週、每月、每年的目標。定期回顧目標，這可以讓你瞭解自己的進程，並為已經完成的步驟而自豪。要善於在自己的良師益友中，找一個人與你分享目標，他的職責是敦促你切實執行每一個目標。而自己要充分感受自己完成任務，將夢想變成現實的過

程。

　　確信自己一定可以成功，可以在卡片上寫出自己
的遠期目標，隨身攜帶。每天自己朗讀兩遍，在不斷
達到目標的過程中，別忘了給自己一點獎勵。總之，
要確保在事業和個人生活中獲得平衡。在事業上獲得
了難以置信的成功，卻找不到人來分享，是非常可悲
的。

02 從眾心理　會讓你越活越累

　　美國心理學家所羅門・阿希設計過一個實驗：他請了幾個大學生自願做他的實驗對象，其中還有 5 個人是事先串通好了的假試者。

　　阿希要大家做一個非常容易的判斷——比較線段的長度。他拿出一張畫有一條直線的卡片，然後比較這條線和另一張卡片上的 3 條線中的哪一條線一樣長。判斷共進行了 18 次。但在兩次正常判斷之後，5 個假試者故意異口同聲地說出一個錯誤答案。

　　結果，有 76% 的人至少做了一次從眾的判斷。當然，還有 24% 的人一直沒有從眾，他們按照自己的正確判斷來回答。這就是所謂「從眾心理」。

　　生活中，要使一個人相信並堅持自己的判斷不容易，因為每個人內心深處都沒有足夠的安全感，所以我們要尋求認同。可是，如果過分求同，就可能使我們失去創造力。

　　有人調查闖紅燈，發現了一個有趣的現象：在十字路口，當對面紅燈亮起時，有一位行人立即停止了前行的腳步。但當另一個行人若無其事地從他身邊走過去時，也許猶豫了一下，也許根本沒有猶豫，他也會立即緊緊跟上，然後，更多的人也會對紅燈視而不見，心安理得地穿過馬路。這也是人的從眾心理在起作用。

　　從眾心理的現象，幾乎每個人都會在一定的場合自覺或不自覺地表現出來。例如一般的人參加會議，總是習慣性地往後面坐，似乎約定俗成前面一排就是領導者或重要角色才能去坐。於是很多時候主持會議的人，不得不下令最後幾排的人統統坐前面來，否則會議室會空洞的不像樣子。

　　還有，我們常常會在街頭看到一群人圍在一起，於是也耐不住好奇心去湊熱鬧……最後人群越圍越多了。實際上可能只是有人摔了一跤，爬起來拍拍屁股走人就是了，卻引來圍觀、堵塞交通。

　　從眾心理是一種隨大流、不喜獨立思考、盲目跟從的心態。具體到行為上，就是人云亦云、人為亦為。

應該說，多數情況下，這種心理要麼是不自信的表露，要麼是自私自利的表露，是不需要、不健康甚至是相當有害的。

前面的幾個例子就是如此，社會上的許多不文明現象，之所以根治不了，除了法律因素，就是因為人們受從眾心理的影響，他人做得，我為何做不得？於是，處處可見違規違法的現象，而法又常常難以責眾，畢竟要每個層面都管到，執法的成本太高，難免無法執行。

不要盲目地試圖從順從對方的角度影響對方。因為，任何人都不想聽從奴隸的指揮以及順從奴隸做事情，而是喜歡聽從有權威的「專家」或者「專業」人士的建議、觀點以及做法。

俗話說：「真理往往掌握在少數人的手中。」在此這麼講，並不是讓人們與眾人唱反調，也不是要求他們非要與眾人格格不入。而是正如史邁利‧布藍敦在他的著作中說的一樣：「要適當程度地『自愛』。因為，在很多人眼裡，眾人都做的事情才是正確的，眾人都贊同的觀點才是科學的。」

所以，生活中人們會習慣性地效仿他人，進而失去了自我。從影響力的角度講，當一個人失去自我，沒有「自愛」的時候，便不能更好地影響他人。只有「自愛」的人，才能征服自己，影響自己，進而更有效地影響他人。所以，當你試圖影響他人成爲自己的跟隨者前，首先要成爲自己的跟隨者。身爲著名音樂指揮家的小澤征爾，便曾用這樣的方式有效地影響了評委。

日本著名音樂指揮家小澤征爾，一次去歐洲參加指揮大賽，他一路過關斬將，最終進入了前三名的爭奪中。在決賽中，評委交給他一張樂譜，讓他按照樂譜演奏。當他指揮到一半的時候，突然發現樂曲中出現了不和諧的地方，他以爲是演奏家演奏錯了，便臨時指揮樂隊停下來，重新演奏一次，結果他發現仍然有不和諧的地方。

小澤征爾向評委提出了疑問，這時在場的權威且知名的評委鄭重其事地告訴他，樂譜沒有問題，是他的錯覺，要他繼續演奏，不用在乎這麼多。面對眾

多國際知名的音樂權威人士，他一度懷疑過自己的判斷，但考慮再三後，他仍然堅信自己的判斷是正確的。於是，他大聲地對評委說：「不，一定是樂譜錯了！」

他的話音剛落，評委們立即向他報以熱烈的掌聲，並鄭重地宣佈他在此次大賽中奪魁。事實上這是評委們精心設計的「圈套」，他們的主要目的在於，要考察指揮家們在發現錯誤後能否堅信自己的判斷。

心理學上認為，如果人們太輕易進行從眾行為，那麼勢必不會更好地向他人施加影響，因為幾乎沒有人會對一個人所共知的道理產生興趣。所以，過分的從眾能夠扼殺個人的獨立意識和判斷力。當一個人沒有自己的獨特的思想、意見、觀點時，他們又拿什麼去影響他人呢？

不過，從眾心理倒也不能一概而論，有的時候還是有其積極的一面。例如我們到一個新單位去工作，任何一個單位都會形成特定的工作氛圍、運轉秩序和人際關係，有些事情不會明白地告訴你怎麼做怎麼說，但你卻得「入鄉隨俗」，主動適應，否則難免歸

入「另類」，處處碰壁。

　　所以，許多時候我們應該學會獨立思考，自主判斷，作出合理的行爲選擇，擺脫「從眾心理」的影響。有的時候，我們也要發揮「從眾心理」中的積極因素，爲人處世符合大多數人的需要和利益，在合作中獲得更好的發展！

03

凡事量力而行　切忌好高騖遠

人們經常會問，在實現目標的最初我們應該設定什麼目標呢？下面這位大師的故事為我們做了解答。

有一位大師隱居於山林中，平時除了參禪悟道之外，還對武術頗有研究。聽到他的名聲，人們都千里迢迢來尋找他，想跟他學些武術方面的竅門。他們到達深山的時候，發現大師正從山谷裡挑水。他挑得不多，兩隻木桶裡的水都沒有裝滿。按他們的想像，大師應該能夠挑很大的桶，而且挑得滿滿的。

他們不解地問：「大師，這是什麼道理？」

大師說：「挑水之道並不在於挑多，而在於挑得夠用。一味貪多，適得其反。」

眾人越發不解。

大師從他們中拉了一個人，讓他重新從山谷裡打滿了兩桶水。那人挑得非常吃力，搖搖晃晃，沒走幾

步，就跌倒在地，水全都灑了，那人的膝蓋也摔破了。

「水灑了，豈不是還得回頭重打一桶嗎？膝蓋破了，走路艱難，豈不是比剛才挑得還少嗎？」大師說。

「那麼大師，請問具體挑多少，怎麼估計呢？」

大師笑道：「你們看這個桶。」眾人看去，桶裡畫了一條線。

大師說：「這條線是底線，水絕對不能高於這條線，高於這條線就超過了自己的能力和需要。起初還需要畫一條線，挑的次數多了以後就不用看那條線了，憑感覺就知道是多是少。有這條線，可以提醒我們，凡事要量力而行，而不要好高騖遠。」

眾人又問：「那麼底線應該定多低呢？」

大師說：「一般來說，越低越好，因為這樣低的目標容易實現，人的勇氣不容易受到挫傷，相反會培養起更大的興趣和熱情，長此以往，循序漸進，自然會挑得更多、挑得更穩。」

挑水如同武術，武術如同做人。循序漸進，逐步實現目標，才能避免許多無謂的挫折。大師說完以後，揚長而去。留下這些學武術的人，深刻的思考……

從上面的故事中，我們應該瞭解到，有的時候低的目標正是高目標的累積。在當今社會，有的人就像上文中那個打了兩滿桶水的人一樣喜歡好高騖遠，這種人過於急功近利，往往事與願違，很難達到自己的目的。

人生有許多成長發展的階段，必須量力而行以做到循序漸進。小孩子先學會翻身、坐立、爬行，然後才學會走路、跑步。每一步驟都十分重要，而且需要時間，沒有一步可以省略。同樣，人生的各個層面，小到學鋼琴，或是與同事相處；大至個人、家庭、婚姻與社會上的種種，莫不如此。瞭解了這一原則，才能少受挫折，最大限度地去實現自我價值。

道理固然簡單明瞭，但是生活中人未必能夠真正地理解和貫徹到自己的人生中去。我們知道，世界上大多數人都是平凡人，但大多數平凡人都希望自己成為不平凡的人。夢想成功，才華獲得賞識，能力獲得肯定，擁有名譽、地位、財富。不過，遺憾的是，真正能做到的人，似乎總是少數。因為，他們沒有量力而行，總是在經意或不經意之間陷進了好高騖遠的泥

潭裡。

現實生活中有很多人，他們內心雖有一張清晰的目標地圖，但是因為面前有太長的路要走，有些無從著手，甚至望而生畏。因此，為了不讓自己在忙碌中喪失信心，我們必須將目標分解，透過完成一個又一個的小目標來不斷激勵自己，將長距離劃分為若干個區段，逐一跨越。

1968 年某天，羅伯‧舒樂博士立志要在加州用玻璃建造一座水晶大教堂。他對著名的建築設計師菲利普表達了自己的構思：「我要的不是一座普通的教堂，而是一座人間的伊甸園。」

菲利普問舒樂預算多少，舒樂博士堅定地對他說：「事實上，現在我一毛錢都沒有，所以對我來說，100 萬美元和 400 萬美元並沒有區別。重要的是，這座教堂本身要具有足夠的吸引力，吸引捐助者的到來。」

教堂最終敲定需要的預算是 700 萬美元。這個數字不但超出了舒樂博士的承受能力，甚至也超出了他

的想像範圍，其他人也都對舒樂博士說「這似乎不可能」。

但舒樂博士卻想出了一個化整為零的方法。他在一張紙上寫著「700萬美元」，然後在這個目標下面寫道：

1　找1筆700萬美元的捐款；

2　找7筆100萬美元的捐款；

3　找14筆50萬美元的捐款；

……

9　找700筆1萬美元的捐款；

10　賣出教堂1萬扇窗戶的署名權，每扇700美元。

在這神奇的方法下，舒樂博士歷時一年多籌措到了足夠的款項。

據說，水晶大教堂最後耗資2000萬美元，但是在舒樂博士將這宏偉的目標化成一個個小目標之後，奇蹟般地募集了足夠的資金，讓這個大教堂成為了加州勝景。

　　正是這種循序漸進的態度幫助舒樂博士籌集到了所有款項，建成了人間的伊甸園。美國著名作家賽瓦里德說過：「當我打算寫一本 25 萬字的書時，一旦確定了書的主題和框架，我便不再考慮整個寫作計劃有多麼繁重，我想的只是下一節、下一頁甚至下一段要怎麼寫。在六個月當中，除了一段一段開始外，我沒想過其他方法，結果就水到渠成了。」

　　俄國大文豪托爾斯泰有這樣一句名言：「人要有生活的目標：一輩子的目標，一個階段的目標，一年的目標，一個月的目標，一個星期的目標，一天的目標，一小時的目標，一分鐘的目標，還得為大目標犧牲小目標。」

　　所以，我們說，不要畏懼過於遙遠的目標，運用循序漸進的方法，忙碌於一個又一個眼前可以企及的小目標就是追求理想的第一步。不要抱怨每天忙碌於如此多的瑣事，成功從來都無法一蹴而就，只有循序漸進，讓每天的忙碌都發揮功效，才能距離目標越來越近。

04 堅定信念　不被挫折打倒

　　在一次講座上，主講人一個朋友的人生目標是當一位律師。可是，事與願違，高考由於填志願的錯誤，他讀了醫學專業。所有都無法改變，他大學四年，認真學習醫學專業，並取得傲人的成績。可是，他並沒有放棄自己要當律師的目標，他畢業後，透過自己的努力當上了律師，成為一位專門為解決醫療糾紛的律師。

　　相信當聽到這個故事後，很多人都被上面故事裡主人的意志感動了，也為這位律師的執著信念感到欽佩。其實，這些事情在生活中並不少見。想想看，你是否有這樣的經歷，在人生路上，因為一個錯誤，而失去或放棄自己心中的目標呢？或許，你會說，上帝關閉了你這一道門，但會為你開另一扇窗。人生有許多的不定因素，什麼都會改變，但是只要堅定信念，

就一定會取得成功。

　　古人云「一鼓作氣，再而衰，三而竭」，「一分耕耘，一分收穫」。寓意其實很簡單，就是要不斷的堅定自己的信念。

　　一隻黑蜘蛛在後院的兩簷之間結了一張很大的網。鄰居們看見了，很好奇，難道蜘蛛會飛？因為，從這個簷頭到那個簷頭，中間有一丈餘寬，黑蜘蛛的第一根線是怎麼拉過去的？

　　為了得到答案，鄰居每天觀察蜘蛛。終於發現原來蜘蛛走了許多彎路：從一個簷頭起，打結，順牆而下，一步一步向前爬，小心翼翼，翹起尾部，不讓絲沾到地面的沙石或別的物體上，走過空地，再爬上對面的簷頭，高度差不多了，再把絲收緊，以後也是如此。

　　蜘蛛不會飛翔，但牠能夠把網結在半空中。牠的網織得精巧而規矩，八卦形地張開，彷彿得到神助。這樣的成績，使人不由想起那些沉默寡言但有著執

著信念的人……奇蹟是執著的信念造就的。理想信念常常會產生不可預料的效果，因爲在理想信念的作用下，人常會超越自身的束縛，釋放出最大的能量。

信念是一種無堅不摧的力量，當你堅信自己能成功時，你必能成功。有位哲人說：「世界上一切的成功、一切的財富都始於一個信念！始於我們心中的夢想！」成功其實很簡單：你先有一個夢想，然後努力經營自己的夢想，不管別人說什麼，都不放棄。堅守信念，永不言敗。

《西遊記》中，唐僧領受西天取經時，發了宏願大誓。他對唐王表示：「我這一去，定要捐軀努力，直至西天。如不到西天，不得真經，即死也不敢回國，永墮沉淪地獄。」唐僧的選擇遭到了廟裡同仁的勸阻，但是唐僧仍然堅持了自己的想法。

在唐僧從長安出發後的路途中，仍有不少人善意提醒他，西天之路遙遠而艱險，很有可能不等他行至西天就已客死異鄉了。但不管大家怎麼勸說和提醒，唐僧取經之心依然不改。

在去往西天的路途中，不但凶險不斷，而且金

錢、美女、王位等誘惑也是層出不窮的。面對這些凶
險及誘惑，其堅定的信念始終沒有動搖。正是因爲有
了明確的目標及堅定的信念，以唐僧爲首的取經團隊
才能一路披荆斬棘、降妖除魔，最後終於到達西天，
取得真經而歸。如果沒有堅定的信念，即使他的幾個
徒弟有再大的本領，取經的任務也是無法完成的。

　　在現實生活中，我們常常會用「不可能」、「沒
有辦法」之類的論斷，爲一個計劃或設想畫上句號。
這是一種十分可怕的習慣，它往往使許多透過努力完
全可以實現的目標被放棄或擱置。這種現象的出現，
最根本的原因就是缺乏「信念」的支撐。

　　唐僧先爲自己設立了一個明確的目標，在設立目
標的同時確立了不畏艱險、排除一切干擾，取得真經
的堅定信念。在這一宏偉目標的指引及堅定信念的作
用之下，玄奘法師不顧眾徒弟和其他人的勸阻，不懼
途中的千難萬險，終於取得真經。

　　所有成功者都是信念的堅守者。籃球飛人喬丹
在高中時期曾對自己說過：「高中畢業後，我要進
NBA，嗯！就這樣設定了！」如此簡單明瞭的一個目

標信念，只要自己努力，就無悔。人生確實存在有很多不定的因素。可是，這並不代表，我們就要放棄我們心中的信念。對生活負責，認真坦然對待我們當前無法改變的生活。但是仍然不放棄心中堅定的信念，不讓自己的人生存在有遺憾，只要做到這樣，結果會是自己預料之外的。

我們現代人應該為追隨自己的目標而生活，應該本著努力進取的精神，勇往直前的毅力，誠實而不自欺的思想而行，則定能臻於至美至善的境地、完成自己的目標和理想。蜘蛛不會飛翔，但牠照樣把網結在空中，也許你現在還不算優秀，但只要你有理想和信念，並執著地追求，新的奇蹟也會在你身上出現。

有的人總是在失敗或者受挫折後，心裡亂亂的，把自己也搞得亂七八糟，六神無主，心根本靜不下來，找不到自己的信念，看不到希望，那麼，給自己一分鐘，想清楚自己到底要什麼，是要未知的未來，還是要痛苦的回憶。靜下來的時候，信念會告訴你，去未來看看吧，因為未來是一張還沒有寫字畫畫的白紙，需要你去豐富它，既然已經過去了就無法挽回了，只

有讓時間去撫平它。之後，你會發現，選擇前者是對的，因爲只有走下去之後才發現，原來，路還很長，最痛苦的還沒有經歷，最燦爛的也還沒有感受，突然感到有了目標，有了理想時，你的生活才眞正開始。

信念還沒成熟的時候，也是最危險的時候，一不小心它會從正確變爲錯誤，會誘人走上歧途。在這時，想想自己希望什麼，這樣便可以糾正錯誤，讓自己眞的有一個好的信念，一個可以支持自己的信念，一個給自己希望的信念。這個世界上最美好的事物，都是用語言文字難以形容的，都是沒有親自感受就不會知道的。

人的一生中，失敗挫折是常事。有句話說得好：「這個世界上沒有誰能使你倒下，如果你的信念還沒倒的話。」生活還得繼續，就算爲了可能的綻放，我們也不能放棄希望，有時候會感覺到，人生就像爬坡，放棄比選擇更難。未來是美好的！

05 保持一顆 謙卑的心

孔子曾經說過：「三人行，必有我師焉，擇其善者而從之，其不善者而改之。」就是要我們虛心的向別人學習。在我們的生命中會遇見很多人，每個人都有各自的優點和缺點，而看到別人的優點，彌補自己的缺點是必不可少的。

當別人向我們提出意見時，我們要虛心接受，從別人的意見中吸取教訓，不斷地提高自己，這樣才能更加進步。

「良藥苦口利於病，忠言逆耳利於行」，這句賢文是說良藥多數是帶苦味的，但卻有利於治病；而教人從善的語言多數是不太動聽的，但卻有利於人們改正缺點。這句賢文，旨在教育人們要勇於接受批評。

一個人有了過錯並不可怕，只要能夠及時改正就無大礙，可怕的是諱疾忌醫，不願意接受別人的批評意見，進而由小錯到大錯，由大錯到無可救藥。

　　漢高祖劉邦就個人能力而言，正如他自己所說的不是太強，但他有一個突出的優點，那就是能夠聽取別人的批評意見，虛心接受，而不像霸王項羽那樣剛愎自用、唯我獨尊。

　　秦朝末年，劉邦率軍攻入咸陽，推翻了秦朝的統治。劉邦進入秦宮後，見宮殿高大雄偉，美女、珠寶不計其數，心中產生了羨慕之情，並想全部據為己有。大將樊噲勸劉邦最好不要這樣做，劉邦很不高興。謀士張良對劉邦說：「秦王之所以不得人心，失去天下，原因就在於他窮奢極欲。現在您剛入秦宮就想像秦王那樣享樂，豈不壞了大事？樊噲的話可是忠言啊！忠言逆耳利於行，良藥苦口利於病，您還是聽樊噲的勸告吧！」劉邦聽了深有感觸，立即採納了樊噲的意見。接著，劉邦又傳令廢除秦朝苛法，還約法三章：「殺人者死，傷人及盜抵罪。」劉邦不僅分毫未動秦宮的財寶，而且撤守灞上，最終深得秦人的擁護。

　　劉邦之所以能夠以弱勝強戰勝項羽並取得天下，

其中一個很重要的因素就是他虛懷若谷，能誠心接受別人的批評意見，改正自己的錯誤，這就是個人和團體得以健康成長的重要品德。這種知錯必改的優秀品德，值得我們學習和借鑒。

現代社會的人，有很多都以自我為中心，不願聽取別人的意見，尤其是長輩的意見。也許長輩的意見未必都是正確的，但是他們的人生閱歷比我們多很多，有很多事情要比我們看得清楚，所以我們要虛心接受。

要知道，批評一個人是需要很大勇氣、冒很大風險的。誰都知道「多栽花，少栽刺」的道理。一般而言，人們都喜歡聽好話，而不願意聽批評意見，有些人還會錯誤地對待批評，甚至把提批評意見的人當成仇人。如果長此以往的話，長輩也就不願意再批評我們了。春秋戰國時期墨子和他的弟子耕柱之間的一則故事，就很值得一讀。

耕柱是一代宗師墨子的得意門生，不過，他老是挨墨子的責罵。

　　有一次，墨子又責備了耕柱。耕柱覺得自己非常委屈，因為在墨子的許多門生之中，耕柱被公認是最優秀的，但他卻偏偏常遭到墨子的批評，這讓他覺得很沒有面子。

　　有一天，耕柱憤憤不平地問墨子：「老師，難道在這麼多門生中，我竟是如此差勁，以至於要時常遭您老人家責罵嗎？」墨子聽後反問道：「假設我現在要上太行山，依你之見，我應該要用良馬來拉車，還是用老牛來拖車？」耕柱回答說：「再笨的人也知道要用良馬來拉車。」墨子又問：「那麼，為什麼不用老牛呢？」耕柱回答說：「理由非常簡單，因為良馬足以擔負重任，值得驅遣。」墨子說：「你答得一點也沒有錯。我之所以時常責罵你，也是因為你能夠擔負重任，值得我一再教導與匡正。」

　　聽了墨子這番話，耕柱立刻明白了老師的良苦用心，從此再也不以遭受批評為恥，而是更加發奮努力，最後成為墨子的繼承人。

　　時刻保持謙卑的心對於每個人都很重要，因為驕

傲隨時都會蹦出來阻擋你的進步。

就像烏龜看見老鷹飛翔在高空中，俯視萬物，非常羨慕。牠也想飛到高空中俯視萬物，但是該怎麼辦？想了想，然後叼來一桿，對著老鷹說：「老鷹大哥，請你叼這一頭，把我帶上天去遨遊一下吧。」老鷹答應，於是烏龜也飛騰在高空中了。

世人看見烏龜居然上天，大大喝彩。大家都忍不住讚歎：「這個辦法是誰想出來的？真聰明！」烏龜一聽，驕傲了起來，忍耐不住開口答道：「我呀。」哪知這樣一喊，桿頭就從口中脫出，烏龜立即摔在了地上，摔死了。

人飛到高處，就容易忘了自己是誰，忘了自己是如何飛上來的，會有驕傲，會自我膨脹。這種高興、自豪的心情是可以理解的。一不小心，在眾人面前露出自己的氣焰，雖然他們大多也會忍受，會壓抑自己的不滿，但是終究無法忘記這種不滿。而這種不滿又會在工作和生活中無意識地表現出來，他們可能會有

意無意地抵制你，讓你碰釘子。

　　飛到高處，就更要記得是什麼讓你飛到了這個高度，飛得越高，頭要越低。無需炫耀你的高度，因為你的高度世人都看在眼裡。因此有了榮耀時，要更加謙卑，要去感謝他人、與人分享、為人謙卑。

　　而謙卑並不等於自卑。自卑的人不知道自己的重要性，以為其他事物都比他重要，即使他有能力，但他看不見付出力量的價值，於是就不能表達出自己的能力與重要性；謙卑的人不是把一件事情從外表上來決定它的價值，真正的價值是要看事情的內容是否實在，是否有力量。

　　謙卑的人肯接納自己的長處，也瞭解自己的短處。他既能肯定自己的重要性，也能肯定其他人的重要性，所以他會尊重自己，尊重他人；而驕傲自大的人只能肯定自己的重要性，不會肯定其他事物的重要性。

　　擁有謙卑的心，便會感激，會想與人分享。主動表達出自己的感恩之情，同時也好好珍惜上天賜給他的、人們給予他的、人生經歷的。謙卑地活著，心存

感恩地活著。因為太陽每日昇起，花朵靜靜地綻放，這些都不是理所當然，而是上天賜予我們的瑰寶。謙卑地活著，心存感恩地活著。因為身邊可親可敬的人們。你的下屬，你的上司，你的同事，以及你的家人。謙卑的心，不會驕傲自大，不會欺詐，也不會輕視他人；因為謙卑的心，就會有感恩的情，所以一切不如意，一切紛爭都將微不足道。

當別人批評你的時候，是覺得你值得批評，有可造之處。我們一定要虛心接受，這樣別人才能提出更多的意見，才能幫助你更快成長。

任何人所擁有的一切，與浩瀚無際的宇宙相比，都只是滄海一粟，微不足道。不管你有沒有做好準備，今天所擁有的一切，某一天都不會再屬於我們，不管我們擁有什麼、擁有多少、擁有多久，其實擁有的不過是那一瞬間。人譽我謙，又增一美；自誇自敗，還增一毀。別人稱讚你，能夠表示謙虛，等於增加了一種美德；如果自我吹噓，就會歸於失敗，還會受到人家的詆毀。無論何時何地，我們永遠都應保持一顆謙卑的心。

信仰瑜伽術小結

在現在的社會，你認為自己很累，好像離自己的目標太過遙遠；好像自己不是為了自己活著，而是為了別人；好像自己有太多的事情無法做到，做好；遇到困難，你認為自己已經身心疲憊。儘管如此，你還保持一顆驕傲的心，為了維護所謂的尊嚴，在自己的世界活得越來越累。

幾乎每個人都擁有遠大的理想，要實現這些理想，不免會背上揮之不去的精神壓力。面對這些來自心靈深處的壓力，信仰瑜伽術要求我們堅持你認為對的事。只有自己認為對的事情，我們才會覺得一切發生的如此自然，才會拋卻心頭的煩惱和苦痛。

心靈瑜伽減壓術 Heart Yoga
A Great Way to Soothe Out Your Stress

一旦你意識到自己需要「活在

當下」，你就會發現，其實時

間走得不是那麼快，你對城市

裡匆忙的腳步也會有另一種不

同的看法。

第三章

減壓瑜伽術
讓你的生活簡單化

Heart Yoga

A Great Way to Soothe Out Your Stress

人生最大的幸福不是來自於物資上的享受，它是精神上的一種滿足。

在平凡的生活中，

有多少人在討論著一個用一生也說不清的話題：「什麼是幸福？」

什麼是幸福？是有花不完的金錢嗎？還是想買什麼就買什麼？

也許這都不是。

人生最大的幸福不是來自於物資上的享受，

它是精神上的一種滿足。

只有對生活簡單化，那麼在生活中就會有最大限度上的滿足，

所謂知足者方能常樂。

01 重組生活　讓節奏慢下來

　　生活本來就不簡單，繁忙而快節奏的城市生活則更加不容易了。首先是空間永遠都不夠，有的人永遠在尋找新的空間來放置新買的物品；再而，昂貴的生活費用，會讓有些人痛苦地覺悟——自己賺的錢永遠無法讓自己過著想過的生活。有時這些人很懷疑：「我為什麼要生活在這麼繁忙緊張、追名逐利的環境裡？」

　　那麼，現在就來告訴這些人，把複雜的城市生活簡單化的訣竅，讓你學會享受輕鬆自在的城市生活。那就是——重組生活，讓自己的節奏慢下來。

　　住在城市裡，讓大家最受不了的就是飛快的步調。這種匆忙的步調，讓我們感到心煩意亂。城市裡的大多數人都深受「匆忙」的荼毒：大家都想要在短時間之內完成許許多多的事。於是，我們做任何事都很快，走路快、說話快、吃飯也快……如此一來，心

跳加快帶來的焦慮感便時刻伴隨著我們。一旦感覺自己落伍了，我們會更焦慮，全身緊繃，免疫系統下降，身體機能亮起紅燈……為了趕上匆促的生活，我們的身心都付出了極大的代價。

城市生活的忙碌不是很難理解，因為我們的社會文化就是要你展現自己「做了什麼」，而非「成為什麼」。我們嚮往功成名就，而「慢慢來」跟我們的追求實在大相逕庭。我們常會漫無目的地忙碌著，日復一日，年復一年，直到驚覺自己該慢下來了——通常是因為疾病。只有在我們生病的時候，我們才會反問自己為什麼不放慢腳步，去欣賞生活中美好的事物？

除了城市裡緊張的生活步調，我們自己以往沮喪的經驗和對未來的不確定感，有時也會是壓力的來源。我們往往習慣於緬懷過去、期望未來，卻反而忽略了現在。如果我們對「現在」有更多的警覺和留心，壓力就會變小一些，滿足感會增多一些。一旦你意識到自己需要「活在當下」，你就會發現，其實時間走得不是那麼快，你對城市裡匆忙的腳步也會有另一種不同的看法。

　　這聽起來似乎很簡單，但認知跟執行完全是兩碼事，而且，活在當下還真不容易！我們的「過去」和「未來」常會影響我們對「現在」的判斷，因此，「慢下來」是需要我們學習的技巧，也是可以把我們拉回「現在」、調養生息的訣竅。

　　那麼我們該如何讓自己的生活節奏慢下來呢？下面為大家介紹幾個方法：

1. 想清楚

　　先想想你每天為什麼而奔波勞碌，把一周內的大小事項寫下來。例如一早起來趕著洗澡、打扮、開車去上班等，然後把你最容易喪失活在當下的「現實感」的事情和情況勾選出來，若能註明時間更好。

2. 看清楚

　　審視你的清單，看看是否能找出讓你忙碌的蛛絲馬跡，整理出一個你的「忙碌行為模式」；每一天都挑一件事情，細心地做，慢慢培養你對大小事物的敏銳觀察力。

3. 做明白

　　選擇一件讓你忙碌又覺得沒意思的工作——通常

是你覺得無趣的事。如：洗衣服或洗碗，多花一些精
力、謹慎小心地做它，這樣的練習會幫助你意識到正
在做的每一件事，即使是再小的事情也會讓你從中發
現奧妙。

4. 吃出享受

在都市裡生活，我們已經形成了囫圇吞棗、狼吞
虎嚥的速食習慣，我們幾乎忘了「吃」能給予我們感
官上極大的滿足和享受。其實，認真地「吃」，享受
「吃」的過程，也是「慢下來」的另一個重要部分。

別急著動筷子，先仔細端詳你的食物，欣賞一下
食物的外觀、顏色、裝盤和擺飾的模樣；閉上眼睛，
享受一下食物的香氣。你能分辨出哪些香味是屬於哪
種食物嗎？讓你的鼻子來告訴你；好了，你可以品嚐
了。認真品嚐每一口食物，盡可能從嘴裡分辨出食物
的特殊口感與味道，試著比平常咀嚼得久一些；快吃
到一半時，暫停一下。當你再度動筷子時，一邊吃，
一邊回想食物的味道，留在你口中和留在盤子中食物
的味道有沒有差別？專心地吃完這一餐。如果能學會
多注意你吃進肚裡的食物，你也會開始留心用餐的環

境，如餐具擺設、桌布的花色等，這都會讓專心進食的練習更爲投入。

5. 遠離等待

「等待」，是生活中無法避免的，生活在都市中更是如此。等公車或火車、等電梯、等遲到的牙醫，在銀行、超市，甚至是電話亭，你都需要等待。幾乎一整天你都在等待，不是等人就是等著某些事物。老實說，你能做的只有兩件事：繼續等；或者離開這個隊伍。

這，就要求你必須了解什麼叫做「離峰時段」。在這個時間裡做事會讓你避開過多的人潮，避免等待。拿銀行來說，你若總是在午餐時間或週末上銀行，那就不由得你不等，但你若是在離峰時段去銀行辦事，就會輕鬆多了。每個月的第一天和最後一天是銀行最忙碌的兩天，因此請避開這兩天。多利用自動提款機來處理存提款的業務、利用網路繳費等……都是避開等待的好方法。

同樣的，也可以跟你的醫生約在「離峰時段」就診。或許你會質疑：「每日行程表總是卡得死死的，

哪來那麼多彈性的空間在離峰時段看病？」其實最好的就診時間是在星期三或星期四早晨及午餐後，星期一和星期五診所會特別忙碌，因為在週末前後總是湧現許多看病的人。這種挑選「離峰時段」來辦事的方式，也適用在健身房或俱樂部之類的場合。

總之，設定星期一是忙碌的，因為是歡樂週末結束後的第一天，大家都趕著工作。星期二之後，工作量與忙碌感會漸漸下降。午餐時間趕著辦事也是大家能接受的，因為它總比每天下午五點半下班後來得理想。而如果工作允許的話，上班時間的早晨和下午是相對比較不擁擠的時刻，可以多利用這些時間來做一些事。

除了上述這些事之外，你會發現，現在連參與休閒活動都必須等。我們都有在餐廳外苦苦等候的經驗，不是嗎？下次如果要到餐廳用餐，比正常用餐時間早一點或晚一點去，都可以避免久等。而在離峰時段用餐，氣氛還比較悠閒、服務也比較好、也更容易找到好位子。若是是上電影院或劇院，最好先訂票，你可以利用電話或網路訂票，一到電影院或戲院時就

先取票，訂票服務或許會使票價提高一些，但與你等待時所消耗的時間和精力相比，是絕對值得的。

　　總之，生活中有很多讓我們慢下來的方法，只要我們有主動慢下來的心態，我們就會慢下生活的節奏，盡情地享受生活帶給我們的既簡單有充實的快樂。

學做瞬間的　放鬆練習

　　黃帝內經上說：「古有真人者，提挈天地，把握陰陽，呼吸精氣，獨立守神，骨肉若一，故能壽蔽天地……」

　　洞悉了無意識的壓力是疾病的一大誘因之後，有的人就有意識地透過健康養生法去學習放鬆。但是我們不難發現放鬆成了現代人最缺乏的本能，很難學習根本不知道怎麼去放鬆。很多人自我感覺是放鬆的，但在旁人看來，依然是緊張的。因為他們無意中聳起的雙肩透露了祕密。

　　從姿勢反射學的角度來講，肩部可以說是人體緊張情緒的反應器，人之所不能真正放鬆，恰好就是不會放鬆肩部。也可以說，放鬆的最大祕密是肩部放鬆。無意識緊張猶如繩鋸木斷、水滴石穿，無形之中對人體造成很大的傷害。臨床上經常見到的頸椎病，就是生活中無意識緊張日積月累的結果。

　　要了解放鬆是種什麼樣的狀態，就要先搞清楚什麼是緊張的狀態。人緊張的時候本能地會聳肩，肩部繃緊又帶來頸椎的緊張，肩頸部是調和人體平衡的樞紐，肩頸緊張則導致全身緊張。所以，放鬆的關鍵是鬆肩。肩部放鬆了，全身才能放鬆。肩部有一個重要的穴位，肩井穴。在道家醫學裡，肩井有很好的降氣的作用。養生樁也是透過肩井穴來使氣機沉入小腹，人才會從內至外感到放鬆。真正的放鬆狀態不單純是肌肉的放鬆，而是內在氣機的運行暢通，所以，鬆肩是掌握健康養生的入手之法，也是獲得健康的捷徑。

　　那麼該如何放鬆肩部呢？有一套養生鬆肩五部曲相信誰都可以做得到。它的預備式：兩腳與肩寬，膝蓋部稍彎曲，目視前方；然後雙手抬起，兩臂平行與肚臍高；雙手保持原位不動，雙肘稍微向外展開，雙手在臍上的位置；雙手抬到比雙肘稍高的位置，雙手略高於肩；雙肘再稍抬高，但仍略低於雙手；雙手十指自然張開，雙臂在胸前做抱球狀。

　　此時就可以稱為「抱住健康」了。因為肩部放鬆了，氣沉於小腹，人才處於放鬆狀態中。小腹也是修

煉家稱之的下丹田所在之處，小腹沉實了，人的陽氣也就旺盛了。

除了放鬆肩部，我們還可以採用「站養生椿」的方法來放鬆。對於這種方法，有很多人產生了誤解，認為：「站養生椿就是站著不動」，這是非常錯誤的。人在站養生椿時猶如大樹，不是不動，而是生生不已之動。站時需用意體察一下全身，保持渾身上下關節似曲非曲。想像自己站在齊胸深的溫泉當中，前後左右有水波輕輕晃動，身體不做中流砥柱，但隨之晃動。站養生椿過程中多想一些美好的事情、幸福的經歷，彷彿整個身子融入溫暖的泉水之中，從裡到外都暖洋洋的。一切煩惱之事隨波而去，疾病也會隨著水波的蕩漾，遠離我們的身體。

「站養放鬆」時要注意：站養生椿前，應排除大、小便，並把衣扣腰帶鬆開；站養生椿結束後，可拍打一下雙肩，做一些柔和的伸展動作。而且飯前、飯後一小時不宜練功。

心理調節方法也是放鬆的一種好方式。其主要核心就是緩和內心的緊張和壓力。現在，讓我們暫時

躺在一張舒適的床上，閉上眼睛，先來體會一下「放鬆」的感覺。「放」就是將一切思慮統統放下，讓喜怒憂思悲恐驚，這些人之常情，歸於淡然，心如止水。「鬆」就是令四肢關節，生理感覺完全鬆弛下來，毫不用力，或者說無法用力，肌肉骨骼似乎已經不受自己支配。

然後細細的感知一下身體自然出現的反應，處於一種靜靜地觀察之中。一會兒知覺在皮膚上遊走，一會兒思想在呼吸間起伏，一會兒肚腹裡自然湧動出一兩聲腸鳴，一會兒頭腦中無意間閃現著三、四個情景……各種狀態，不一而足。這時，你只是個旁觀者，對自體發出的任何信號，不做應答，不加評判，放棄思考，只是默默的觀望……這就是放鬆的全過程。

當心愛的人送給我們一枝帶著露珠的新鮮玫瑰，我們都會情不自禁的，把它放在鼻子下面，閉上眼睛，深深地聞上一聞。這令人陶醉的一嗅，似乎能給我們的身體帶來無盡的喜悅和滿足，似乎在瞬間便吸入了世間所有美好的事物。這麼輕鬆的一嗅，為什麼會有如此的魔力？因為，您無意之中使用了一種最好的呼

吸方法──腹式呼吸法。

腹式呼吸法可以讓我們放鬆的同時，達到強健身體的效果。其要領就是用肚子來呼吸。吸氣時鼓肚子，肚子此時就變成了一個正在被吹起的汽球；當汽球被慢慢越吹越大，肚子已經鼓到最大限度時；稍停片刻，馬上放氣，放氣可像歎氣一般，瞬間從口中，一歎而出。

注意，你在整個呼吸過程當中，胸部不要用力，所以觀察胸部，不要起伏，否則，就成了我們平常的呼吸法：胸式呼吸法。

胸式呼吸一次吸收的氧氣，也就是腹式呼吸法的三分之一。一年下來，我們平常人要少吸入很多氧氣。我們都知道，氧氣是製造新鮮血液的原料，所以，我們想要健康，就要多做腹式呼吸，而且腹式呼吸最容易使我們的心情平靜下來，讓我們輕易地體會到放鬆的感覺。

學習了以上的放鬆方法後，有人說：「我這人好動不好靜」。下面就介紹給您幾個有趣的放鬆之法：

抓蝴蝶法：還記得兒時，我們在綠草地，花叢中

奔跑嬉鬧時的情景嗎，抓蝴蝶似乎成了我們所有孩子的遊戲。現在想起來，仍然是歷歷在目，就像昨天發生的事情。我們要想讓自己年輕，充滿活力，那就多些孩子們的情懷，做些孩子們的遊戲吧。

現在想像您的眼前有許多蝴蝶在飛，飛上飛下、忽左忽右，您的頭跟著蝴蝶的飛行軌跡左右搖擺，您的眼睛也隨著牠上下轉動，跟蹤追趕。然後看準目標，伸出雙手，快速出擊，左抓一隻，右抓一隻，上抓一隻，下抓一隻，五彩蝴蝶，被您隨抓隨放，隨放隨抓，這就是運動中的放鬆法。您可以自己隨意再創造出許多放鬆之法。就像街舞中模仿的「太空漫步」，都是將現實生活的真實情景放置於虛擬的想像之中。

放鬆，是養生健身的法寶，是留住青春的靈丹。讓我們運用上面的方法來放鬆自己的身心，給繁忙的生活和工作一刻輕鬆的時光吧！

03

做一個 時間的優秀管理者

　　人生最寶貴的兩項資產，一項是頭腦，一項是時間。無論你做什麼事情，即使不用腦子，也要花費時間。

　　席勒說過：「時間的步伐有三種：未來姍姍來遲，現在像箭一般飛逝，過去永遠靜立不動。」因此，管理時間的能力，會決定你事業和生活的成敗。

　　我們每個星期有 168 小時，其中 56 小時在睡眠中度過，21 小時在吃飯和休息中度過，剩下的 91 小時則由你來決定做什麼——每天 13 小時。如何根據你的價值觀和目標管理時間，是一項重要的技巧。它使你能控制生活，善用時間，朝自己的方向前進，而不致在忙亂中迷失方向。

　　你是否有過這樣的經歷：某一天，你雄心勃勃地準備把手底下的事清理乾淨，可到頭來卻一事無成？也許每個人都曾有過這樣的經歷，但在某些人身上表

現得格外明顯。時間管理可以幫助你把每一天、每一週甚至每個月的時間進行有效的合理安排。運用這些時間管理技巧幫你統籌時間，對於每個人來說都是非常重要的。

組織技巧相對於其他技巧來說是最簡單的一種。例如，所有的時間管理建議都包括在一些表格當中，在表格中你需要把你想要完成的任務填進去。對很多人來說，這是最簡單和普通的了。

當然，製表格和填表對一些人來說是有困難的。這是一個天分問題，與一個人的邏輯能力、空間想像力、創造力和抽象思維能力無關。

時間管理需要一定的訓練，如果你沒有準備好接受專門訓練的話，你將不能成為一個優秀的時間管理者。

下面為您介紹十大時間管理方法。值得注意的是，這也許不是最好的方法，但是起碼對我們的生活會有一定的幫助。

1. 每天清晨把一天要做的事都列出清單

如果你不是按照辦事順序去做事情的話，那麼

你的時間管理也不會是有效率的。在每一天的早上或是前一天晚上，把一天要做的事情列一個清單出來。這個清單包括公務和私事兩類內容，把它們記錄在紙上、工作簿上、你的 PDA 或是其他什麼上面。在一天的工作過程中，要經常地進行查閱。

舉個例子，在開會前十分鐘的時候，看一下你的事情記錄，如果還有一封電子郵件要發的話，你完全可以利用這段空隙把這項任務完成。

當你做完記錄上面所有事的時候，最好要再檢查一遍。如果你和我有同樣的感覺，那麼，在完成工作後透過檢查每一個項目，你能體會到一種滿足感。

2. 把接下來要完成的工作也同樣記錄在你的清單上

在完成了開始計劃的工作後，把接下來要做的事情記錄在你的每日清單上面。如果你的清單上在內容已經滿了，或是某項工作可以先做，那麼你就可以把它算作明天或後天的工作計劃。

你是否想知道為什麼有些人，告訴了你他們打算做一些事情但是沒有完成的原因嗎？這是因為他們沒

有把這些事情記錄下來。

3. 對當天沒有完成的工作進行重新安排

現在你有了一個每日的工作計劃，而且也加進了當天要完成的新的工作任務。那麼，對一天下來那些還沒完成的工作項目又將怎做處置呢？你可以選擇將它們順延至第二天，添加到你明天的工作安排清單中去。

但是，希望你不要成為一個辦事拖拖拉拉的人，每天總會有做不完的事情，這樣，每天的任務清單都會比前一天有所膨脹。如果的確事情重要，沒問題，就當天做完它。如果沒有那麼重要，你可以和與這件事有關的人說清楚你無法完成事情的原因。

4. 記住應赴的約會

用你的記事清單來幫你記住應赴的約會，這包括與同事和朋友的約會。以經驗看，工作忙碌的人們失約的次數比準時赴約的次數還多。如果你不能清楚地記得每件事都做了沒有，那麼一定要把它記下來，並藉助時間管理方法保證它的按時完成。如果你的確因為有事而不能赴約，就應該提前打電話通知你約會的

對象。

5. 做一個表格，把本月和下月需要優先做的事情記錄下來

很多人都開始制定每一天的工作計劃。但是，有多少人會把他們本月和下月需要做的事情進行一個更好的籌劃呢？

除非你從事的是一項交易工作，它的時間表上總是近期任務，你經常是在每個月底進行總結，而月初又開始重新安排籌劃。對一個月的工作進行列表規劃是時間管理中更好的方法，再次強調，你所列入這個表格的，一定是你必須非完成不可的工作。在每個月開始的時候，要記得將上個月沒有完成而這個月必須完成的工作填入表。

6. 把未來某一時間要完成的工作記錄下來

你的記事清單，不可能幫助提醒你去完成在未來某一時間要完成的工作。例如，你告訴你的同事，在兩個月內你將和他一起去完成某項工作。這時你就需要有一個辦法記住這件事，並在未來的某個時間提醒你。此時你可以使用電子日曆，因為很多電子日曆都

有提醒功能。為了保險起見，你可以使用多個提醒方法，一旦這一個沒起作用，另一個還會提醒你。

7. 保持桌面整潔

一個把自己工作環境弄得亂糟糟的人，不會是一個優秀的時間管理者。同樣的道理，一個人的臥室或是辦公室一片狼藉，他也不會是一個優秀的時間管理者。

因為一個好的時間管理者，是不會花很長時間在一堆亂文件中找出所需的材料的。

8. 把做每件事所需要的文件放在一個固定的地方

隨著時間的過去，你可能會完成很多工作任務，這就要注意保持每件事的有秩序和完整，可以把與某一件事有關的所有東西放在一起，這樣會讓你需要時，查找起來非常方便。當徹底完成了一項工作時，就把這些東西全部轉移到另一個地方。

9. 清理你用不著的文件

有的人會把所有的文件都保留著，這些沒完沒了的文件最後會成為無人問津的廢紙，很多文件可能都

不會再被你用到。

10. 定期備份並清理電腦

你保存在電腦裡的 95% 的文件，檔案可能還會在你的手裡放三個月。要定期地備份文件到光碟或硬碟上，並馬上刪除電腦中不再需要的文件。這樣可以節省時間，提高工作效率。

04

降低消費　只逛不買

　　也許大家都聽過「虛客」這個名詞。網路上對虛客的描述如下：他們通常有穩定的職業和家庭，有不錯的收入並懂得享受。但如果事業或物質生活要再邁進一步，似乎並不容易，於是他們乾脆讓自己放輕鬆，欣賞一下路上的風景。光看不買的幸福便由此而來，他們樂於做快樂的「虛客」。

　　需求刺激消費，但如果你家暫時什麼都不缺，你是否能對周圍的消費訊息熟視無睹？對此，越來越多的城裡人持否定態度——即使沒有買的需要，或者根本買不起，他們依然樂於在各大百貨、車市或名牌店裡流連，感受一下比自己擁有的更「優質」的生活，這種人便是所謂的虛客。

　　他們說，在這種逛街消遣方式裡，看的樂趣甚於買的樂趣。雖然他們對名牌及各種奢侈品嚮往之，但虛客們也知道，懂得欣賞就好，未必要去佔有。虛客

就是只逛不買的人。作一個虛客，其實是減輕壓力的另一種方式。

那麼虛客需要具備什麼條件呢？虛客的首要條件就是有 MSN、數位相機或能拍照的手機；成為虛客的知識條件：對房市、車市有足夠的瞭解，對各種奢侈品的背景和新品能粗略知曉；成為虛客的心理條件：有一顆平常心、寬大的胸懷以及「處艷」不驚、「處奢」平靜的能力；成為虛客的身體條件：眼神好，腿腳勤。

都市人往往生活在貪婪的世界裡，但是「虛客」卻提早認識到簡單幸福的生活多麼重要。他們雖然不比別人富有，但是他們更能體會到快樂。

小芳就是一位典型的「虛客」。這幾年來，她在虛擬生活裡得到了樂趣，住一間 20 多坪的小套房，但心裡總有一個大房子夢想。希望那房子可以面朝大海，春暖花開，讓她和父母住在一起。然而她知道自己能力有限，暫時不能實現，所以四處看房。她常常在週末時拉著老公，找高級住宅區去看房，兩人有時對房子格局爭論，在虛虛實實的話語裡，他們得到了

心靈滿足。

她和老公開的車很老舊，買一輛好車是他們的心願。但轉念一想，車不過是個交通工具，但這不妨礙他們對車市的瞭解，大型車展上試駕新車，討論性能及比價，是他們樂此不疲的事情。

家裡奢侈品沒幾件，她卻是品牌店的常客，引領潮流雜誌的讀者。有些東西她一輩子都買不起，但她依然對那些漂亮衣服、絲巾、皮包有無法割捨的愛。

小芳還表示，希望有一天，她能成為幸福生活的實客——有好房好車好收入。但如果沒能過著那種高品質生活也無妨，至少她一直憧憬著，她依然有熱情，並在虛擬的快樂中抵消著現實生活的平淡。從這個意義上說，她慶幸自己是個虛客。

對奢侈品純屬欣賞，令虛客們得到了心理滿足。如果家裡暫時不缺，或者沒有買的需要，或者買不起，她們依然喜歡奢侈品、名牌汽車，或去參觀預售屋，逛名品百貨。

即使買車買得起，但總覺得現在買了是不是早了點，於是想再等等。他們到處看著新款汽車的資訊，

對幾款新車的優缺點比來比去,看口碑找評論。有的時候他們幾乎是這幾款新車的專家了。小芳還說:「我滿足於這種狀態,同事買了名車,真的擁有了,也不過如此。這樣的結果,我已體驗過了。我和朋友說,我要5年後才買車,我要把這種只看不買的生活樂趣延長5年。你有信心就去消費吧,我要看緊口袋。」

看著小芳的生活方式,到底什麼是真正的虛客呢?其實,只要你願意進入奢侈豪華場所,會欣賞、懂品評,然後跟網友共享你的經歷,你就可以算做一個成熟虛客了。

高檔房子比比皆是,豪華商場中外名牌雲集,車市高檔車令人流連忘返,名牌專賣店的奢侈品讓人浮想聯翩……這些場所,就算你有錢也不可能天天去,去也不可能次次都買。流連在這些地方的人,不一定都是買主,他們的目的不是購物,只是要體驗一下可能擁有的品質生活。

以前,人們重視金錢、地位上的顯露:房子要比別人大;車子要比別人好;穿戴要比別人貴……但現在,人們更樂於在豪華商場、高檔樓房、名牌車展、

名品店裡遊走，感受並想像美好的生活。一些有能力消費的人，也加入到不消費人群中來。這支隊伍變大，他們讓自己以休閒逛街的方式，輕鬆走在奢侈中間。奉行「非購買、零消費」的虛客，逐漸成為豪華商場、高檔樓房、名牌汽車展裡有品味、會欣賞的流動大軍，為這些地方增加了不少人氣。

美國芝加哥大學商學院教授曾這樣闡述幸福的祕密：「兩人在一條風景優美的路上散步。」他們的幸福包括兩部分：一是欣賞風景所帶來的愉悅；二是相對位置所帶來的快樂，即領先者更幸福。

一開始，兩人都走得很慢，甲走在前面。從欣賞風景角度，兩人都得到了精神上的愉悅。而從相對位置來講，甲快樂，乙不快樂。為了超過甲，乙加快了步伐，甲也加快了腳步。就這樣，兩人越走越快，從最初的散步，到後來的奔跑……從相對位置角度來看，兩人整體的幸福沒有改變，但從欣賞風景角度獲得的幸福卻降低了，因為兩人將精力都放在了奔跑上。

這就是物質競爭社會地位上競爭，要買比別人更

大的房子、更好的車。這種競爭從短期的、個人的角度來講，可能會增加幸福，但從長期的、社會的角度來講，卻降低幸福。明白了這個道理，城市人開始享受「非購買」的樂趣了。同時，只逛不消費的觀念已經成了一種時尚。

　　艾玲常流連名牌店，家又在精華地段，每天走路回家，順便把流行「掃」一遍回家也是常有的事。以她40000多元月薪，不能經常購物，但到處走，發現新東西，就用手機拍下來，放在MSN上當做顯示圖片，每每惹來朋友好奇詢問。「這是什麼東西？」「哪裡找來這樣的玩意？」當類似問題紛至沓來，她心裡有說不出的高興，忙著逐一回答。而且，她逛街的等級相當高，跟專櫃小姐、小店店員都混的很熟，所以店裡有什麼新優惠、新貨到，就有「專人」通知她去看。與艾玲相同的還有辦公室一族的大衛。一到週末，就忍不住去商場逛一天，手機、傢俱、電腦甚至玩具店，他都會看一下，碰上有興趣的產品還會琢磨半天。最後會樂做虛客，是因為某次同學聚會中，發現自己落伍，同學說的話題，竟然有他搭不上嘴的

時候，這令自認爲「潮人」的他很受打擊。初出茅廬的大衛賺的錢不多，當然不能亂花錢，但他堅持一點：新的東西貴的東西，即便自己沒有，也至少要知道它的存在！

只逛不買，不僅讓我們的生活有了更多的樂趣，而且可以節省我們不少的金錢。我們再也不會爲金錢而苦惱，進而壓力減少，這樣簡單的生活，可以說是時尚並快樂著！

05 做好規劃　讓生活有條不紊

　　古代有一句話：「古之欲明明德於天下者；先治
其國；欲治其國者，先齊其家；欲齊其家者，先修其身；
欲修其身者，先正其心……心正而後身修，身修而後
家齊，家齊而後國治，國治而後天下平。」這句話大
意是說：古代那些要使美德彰明於天下的人，要先治
理好他的國家；要治理好國家的人，要先整頓好自己
的家；要整頓好家的人，要先進行自我修養；要進行
自我修養的人，要先端正他的思想……思想端正了，
然後自我修養完善；自我修養完善了，然後家庭整頓
有序；家庭整頓好了，然後國家安定繁榮；國家安定
繁榮了，然後天下平定。

　　這是儒家思想傳統中知識分子尊崇的信條。以自
我完善爲基礎，透過治理家庭，直到平定天下，是幾
千年來無數知識者的最高理想。然而實際上，成功的
機會少，失望的時候多，於是又出現了「窮則獨善其

身，達則兼濟天下」的思想。

「正心、修身、齊家、治國、平天下」的人生理想與「窮則獨善其身，達則兼濟天下」的積極而達觀的態度相互結合補充，幾千年中影響始終不衰。所以，掌握時間的人，就掌握命運，天助自助者。就是告訴我們要成功，就要自我主動地規劃人生。

我們的人生的確也需要管理。但是，似乎對於規劃人生這個概念，東方人並不是特別的認同。國外講求人生規劃，國外企業講求職業生涯規劃，東方人聽到時覺得新奇，有那麼點新意，但聽過就忘了，體會不深。其實，人生規劃的意思並不複雜。只要凡事都能自己思考，有自己的獨立見解了，閱歷廣闊一點了，成功失敗都經歷過一點了，人思想開始成熟了，這個原來一直沒有關注的問題，才能一點一滴突現出其極其重要的現實價值。

成功人士之所以成功，多半是因為他們在有意識地管理他們的人生。當然，偶然因素即所謂的運氣，永遠是存在的，但運氣是可遇不可求的，不在我們一般管理科學的研究範圍。而且哪怕就是運氣，也可以

運用概率論來進行模擬研究。顯然,一個從不買彩卷的人是不可能中大獎的,當然,到底什麼樣的買彩卷方法才能提高中獎機會,有人是在那裡研究,與做股票一樣,甚至形成了許多理論,也有不少人信奉,這也是事實。

但從大的概率來說,從事物發展變化的必然性來說,從人們自己可以掌握控制的成功因素來說,運氣只是額外因素,不能夠對之孜孜以求,更不能以之為成功主要因素和以其為成功基礎(歹徒和冒險家除外),這些人正是以此為樂以此為生為死。因此,顯然不能倚之為我們走向成功的可信因素。

可信的因素,主要是那些實實在在將我們導向成功目標的綜合性現實努力。只有這些努力是我們可以確切把握,並且在正常情況下,必然有助於我們一步步接近成功目標。而如果我們所有這些努力都是有意識做出的,那麼,我們實際上就是在管理著我們的人生。

綜合許多偉大人物的經驗,我們可以發現,管理好自己的人生不是一件容易或輕鬆的事。托爾斯泰說:

119

「人生是一椿沉重的工作，我很早就有體會了。」人生是一椿難得並且不可重複的樂事。正因為如此，人生的成功不能以苦樂來評價劃分。人生可以是苦的但卻是成功的，人生也可以是樂但卻是失敗的，相信我們身邊不缺乏這樣的例子。

對於成功學所定義的成功概念，其實並不是完全符合的。人生的成功應該定義為人生的幸福。幸福更多的是一種主觀感受，雖然以客觀為基礎，但是對客觀的有效修正或提升。因此，成功的人生就是幸福的人生，也只有幸福的人生才能真正稱得上是成功的人生。你表面或在現實生活中再成功，但是你根本感覺自己不幸福，那麼，這就是失敗的人生。

做出這樣的定義，我們就明確否定了「有錢的人生就是幸福的人生」、「輕鬆的人生就是幸福的人生」等一些錯誤理解。幸福和成功的人生，是你實現了你自己想要的目標的人生，過著自己內心想要過的那種生活或人生。這也就是社會心理學家常說的實現自我。

有些人在人生中的艱苦時期，卻反而認為那是他

們人生覺得最幸福的根本原因。他們追求並且慢慢接近著自己的理想，在為自己的理想而努力奮鬥。他們除了自己的奮鬥幾乎一無所有，但他們根本不需要別的，他們已經足夠。這樣的人生，何嘗不也是我們現在許多人想過的理想人生？有意義，有價值，而不是飄浮、隨波逐流。

拿破崙是幸福的，岳飛也是幸福的，文天祥是幸福的，做隱士不做皇帝的兩位商朝古人伯夷、叔齊是幸福的……因而他們也是成功的，他們按照自己的人生規劃來完成屬於自己的成功。

偉大人物是這樣一個道理，凡人道理也是一樣的。實現自己的人生規劃，過著自己真正想過的生活，這樣的人就能獲得一個成功的人生。從現在開始規劃自己的人生，瞭解自己內心真正的需要，這樣我們才能離按照自己的規劃前進，不斷取得進步，接近成功。

幸福來源於規劃，只有合理的規劃，才能讓我們的生活有條不紊，才能讓我們獲得更加輕鬆。我們可以按部就班地完成自己的計劃，獲得更多的休息時間，並且取得更大的成功。從現在開始，規劃好自己

的時間，讓自己的生活更加合理、充實吧！

減壓瑜伽術小結

減壓瑜伽術崇尚讓生活簡單化。其實，簡單的人才是最開心的，簡單的想法才是最好的，簡單的生活才是最幸福的。簡單的生活就要拋卻一切複雜，讓事情有條不紊，讓生活節奏變慢，讓最短的時間做出最高效的事。一切規劃會讓複雜變得簡單，讓繁複變得單純。

所以，我們說，當一切都變得如此簡單的時候，壓力又從何而來呢？

第四章

滿足瑜伽術
把你的標準降低些

Heart Yoga

A Great Way to Soothe Out Your Stress

那些整天在追求幸福的人沒有發現，幸福其實很簡單，只要將你的標準降低一點點，你就擁有了幸福。

常常有人抱怨自己不快樂，總是整天愁眉苦臉的。

其實快樂就像跳高，跳桿越低，就會越輕鬆、越無所畏懼。

快樂的標準，就像是一根可以無限拉伸的橡皮筋，

你的慾望越大，它拉得越大，快樂的標準就越高。

把標準降低，我們會發現，快樂和幸福其實並不遙遠……

01 認清最真實 的自己

著名新聞記者說過：「世界上90%的痛苦來自於人們對真正自我的知之甚少。人們不能認清自己的能力、缺點，甚至自己真正的美德。面對真正的自己，我們就好像在面對陌生人。更可悲的是，對於大多數人來說，這種狀態會持續一生，直到生命的終結。」

很多現代人都很認真努力的工作，許多只知一味埋頭苦幹的人，並沒有足夠的自我意識。他們期盼成就成功的事業，但是自我意識的缺乏妨礙了他們自身能力的發展，使得他們離這個目標越來越遠。他們對於自身的特點、自己的想法、自己的行為缺乏基本的內心感受，心靈感悟。這表現在，在日常生活中，他們常常忽略自己的缺點、無視自己的選擇（或者自己所缺少的品質），最終與成功擦肩而過。

曾經有人問過麥克‧喬丹：「你到底如何訓練你自己？」喬丹回答說：「第一個我對我自己的要求

超過任何人的想像，比任何人都還要嚴格，當你認為
我遠投不行的時候，我立刻把缺點變成我的優點，當
你認為罰球不準的時候，我立刻投得要比你準。當你
覺得我跳得沒有你那麼高的時候，我就立刻想辦法變
成灌籃王。」

憑著對自己的瞭解，喬丹不斷提高自己，最終成
為有史以來最偉大的籃球明星。事實上，任何世界頂
尖人士都有這樣一個概念。前世界首富——美國沃頓
公司的總裁山姆沃頓。他開創的沃爾瑪企業資產已經
超過了 250 億美金。他在前幾年過世了，在他生前，
他會不斷地去考察競爭對手的店面，不斷地想辦法說
他到底哪裡做得比我好？回去之後就問自己也告訴自
己的員工說，那我們要如何才能做得比競爭對手更
好？我們到底有哪些服務不周的地方我們需要改善？
用心去瞭解自己與別人的差距，自己的缺點以及別人
的優點，才能夠取得成功。

日本保險業的泰斗原一平在 27 歲時進入日本明
治保險公司開始推銷生涯。當時，他窮得連中餐都吃

不起並露宿公園。有一天，他向一位老和尚推銷保險，等他詳細地說明之後，老和尚平靜地說：「聽完你的介紹之後，絲毫引不起我投保的意願。」老和尚注視原一平良久，接著說：「人與人之間，像這樣相對而坐的時候，一定要具備一種強烈吸引對方的魅力，如果你做不到這一點，將來就沒有什麼前途可言了。」原一平啞口無言，冷汗直流。

老和尚又說：「年輕人，先努力改造自己吧！」「改造自己？」「是的，要改造自己首先必須認識自己，你知不知道自己是一個什麼樣的人呢？」

老和尚說：「你在替別人考慮保險之前，必須考慮自己，認識自己。」

原一平：「考慮自己，認識自己？」

老和尚又說：「是的，赤裸裸地注視自己，毫無保留地徹底反省，然後才能認識自己。」

從此，原一平開始努力認識自己，改善自己，大徹大悟，終於成為一代推銷大師。

認識自己，瞭解自己的長處和短處，是走好人生

的第一步；徹底的認識自己，是人生最重要的主題；認識自己並且在人生戰場中運籌帷幄，是人生的大智慧。

　　在古希臘德爾菲的阿波羅神殿中，刻著一句箴言，被人們視為神喻：「認識你自己」因為認識你自己是每個人一生所難以迴避的問題，你對自己的認識越是準確，你選擇正確道路的可能性就越大。你選擇的道路越是正確，你取得成功的可能性也就越大。如果喬丹沒有正確認識自己，一定要按照別人的想法去做事，那麼他就注定失敗。如果原一平沒有正確認識自己，只是機械的推銷保險，他也會注定失敗。如果一個人不能夠正確認識自我，他將會失去很多外在成功的機會，在他感到不適應或者精力不集中的時候，他的判斷和選擇往往會發生動搖，無法發揮出最佳狀態，甚至做出一些愚蠢的事情。七里禪師的故事就給了我們一些啟示：

　　有一天，七里禪師正在禪堂的蒲團上打坐，一個強盜突然闖出來，把刀子對著他的脊背，說：「把櫃

裡的錢全部拿出來！不然，就要你的老命！」「錢在抽屜裡，櫃裡沒錢。」七里禪師說，「你自己去拿，但要留點，米已經吃光，不留點，明天我要挨餓呢！」那個強盜拿走了所有的錢。在臨出門的時候，七里禪師說：「收到人家的東西，應該說聲謝謝啊！」

「謝謝」強盜說。當他轉回身，心裡十分慌亂，這種從來沒有遇到的現象使他失去了意識。他愣了一下，才想起不該把全部的錢拿走，於是，他掏出一把錢放回抽屜。

後來，這個強盜被官府捉住。根據他的供詞，差役把他押到寺廟去見七里禪師。差役問道：「多日以前，這個強盜來這裡搶過錢嗎？」「他沒有搶我的錢，是我給他的。」七里禪師說，「他臨走時還說謝謝了，就這樣。」這個強盜被七里禪師的寬容感動了，只見他咬緊嘴唇，淚流滿面，一聲不響地跟著差役走了。

在服刑期滿之後，強盜便立刻去叩見七里禪師，求禪師收他為弟子。七里禪師不答應，這個人就長跪三日，七里禪師終於收留了他。

　　這個強盜能夠改過自新，認清真實的自己，勇於承擔，為自己的生命負責，這是多麼可貴的事情啊！我們生活中也要學會認識最真實的自己。那麼該如何真正的認識自己，瞭解自己呢？那就是用心靈去感受！

　　一位名人說過：「洞察實情，需要解放心靈。」對於一味埋頭苦幹的人來說，用心靈去洞察自我才是關鍵所在。我們需要提到自我意識，要認清自己的優點、缺點，甚至是可憎之處。但是，很多表面現象蒙蔽了我們的雙眼，導致我們失去對客觀自我的認識，以至於否定自我，在工作中表現欠佳。用心靈去對自我擁有良好的意識，明晰長處和短處，再加上對當前情況的客觀評估，可以幫助我們建立堅實的基礎，進而做出正確的抉擇。

　　歐內斯特・赫爾姆斯在他的著作《心靈科學》中寫道，「人們透過心靈瞭解自我、認識生活。」面對事實、洞察生活極具挑戰性，它需要做出許多艱難的抉擇，這就需要我們內心的幫助。對於每個人來說，無論是置身於自己的現實情況還是考慮社會的整體環

境，都很容易被表象蒙蔽了雙眼。所以，就需要心靈的幫助，做一個用心靈去感受現實生活、瞭解自我的人。用心靈去正視實際情況，凡事多思考，不要有意忽視壞消息猶如掩耳盜鈴，雖然暫時能夠「眼不見心不煩」，這樣會影響我們心靈的判斷。只有累積了足夠的信息，心靈才能發揮最大的功效，讓我們更加瞭解自我的優點和缺點，認清真實的自己，未來取得更大的成功。

02

揚長避短 **量力而行**

　　美國著名的成功勵志導師、著名的成功學奠基人斯維特・馬爾登說：「我們在構築自己目標的時候，也要充分考慮自己的個性、習慣和特長。」如果你有自知之明，善於設計自己，從事你最擅長的工作，你就會成功。就如達爾文學習數學、醫學呆頭呆腦，一碰到動植物卻靈光煥發；阿西莫夫有一天突然發現：「我不能成為一個第一流的科學家，卻能夠成為一個第一流的科普作家。」於是，他把全部精力放在科普創作上，終於成了當代世界最著名的科普作家。

　　美國著名成人教育家戴爾・卡內基也曾說：「每一個人都應該努力根據自己的特點來設計自己、量力而行。根據自己的環境、條件、才能、素質、興趣等，確定進攻方向。」不要埋怨環境與條件，應努力尋找有利條件；不能坐等機會，要自己創造條件；拿出成果來，獲得社會的承認，事情就會好辦一些。

我們選擇職業和工作時，要注意的是特長與職業的匹配。例如擅長形象思維的人，較適合從事文學藝術方面的職業和工作；擅長邏輯思維的人，則比較適合從事哲學、數學等理論性較強的研究工作；擅長具體思維的人則比較適合從事機械、修理等方面的工作。用自己的長處來彌補自己的不足。世界首富比爾·蓋茲在談到成功的祕訣時說：「做你所愛，愛你所做。」

如果要選擇工作，首先先問問你自己的興趣所在。「我喜歡做什麼？我最擅長什麼？」籃球飛人喬丹成名前在一家二流職業棒球隊打棒球，成績一般，只好悻悻而歸，而後在籃球方面卻發揮了他的天才。可見，一個人要成功，必須找準個人能力和職業的最佳結合點。要找準最佳結合點，更多的時候還是要靠自我發現。

著名漫畫家朱德庸 25 歲紅透寶島，《雙響炮》《澀女郎》《醋溜族》等作品深受眾人喜愛。可是，小時候的他卻是一個問題少年，並認為自己非常笨。

除了發揮自己的專長，學會與人交往也是主要

的。如果跟人打交道成為越來越多的人所從事的越來越重要的工作，我們不禁會問，什麼專業最有用呢？學者建議，本科主修經濟學，兼學哲學，心理學和外語，而研究生學什麼都行，關鍵在於學會思維和分析。

在知識經濟時代，狹義的專業技能已不如產業經濟時代那麼重要，取而代之的就是多少有點說不清的人際能力。根據蓋洛普的定義來說，處理人際關係的能力不是一種可以傳授和培訓的技能和知識，而是一種內在的才能。

你可以加強諸如「體諒」，「包容」，「溝通」「交往」「個別」等能力，卻不能在本來沒有的情況下獲得它們。所以，知識經濟的職業生涯往往是個性和才能密集的。「能幹」的定義擴大了。僅有狹義的專長，卻缺乏待人處事或識人的才能，恐怕走不遠。

只要有選擇，就會有焦慮。按照薩特的存在主義原則，不敢為自我負全責的人是「不真誠的人」因而不是英雄。我們不一定要成為存在主義者，但必須既保持清醒的頭腦，又有自知之明的基礎上大膽的選擇。只要我們真正把握了自我，就不會陷入焦慮。

生活的真正悲劇並不在於我們每個人都沒有足夠的優勢，而在於我們未能使用我們擁有的優勢。巴菲特說了一句話：「如果你們和我有任何不同的話，那就是我每天起床後都有機會做我最愛做的事，天天如此。如果你們想從我這裡學什麼，這就是我對你們的最好忠告。」

我們來界定一下優勢，即做某種堅實的持續的近乎完美的表現，我們得到了輝煌人生的三大原則：若想使某件事成為你的優勢，你就必須能始終如一的做好它；你為了把某件事做得出類拔萃，並不需要具備各方面的優勢；你的成功之道在於最大限度的發揮優勢，而不是克服弱點。

才能與優勢有什麼區別？謀略或說服的優勢中哪些方面可以學會，哪些方面與生俱來的？在建立一種優勢的過程中，技能，知識，經驗和自我意識將有著什麼作用？如果你不知道如何解答這些問題，你就可能為學習一些怎樣也學不會的優勢而浪費時間，或反過來，過早放棄你實際具備的優勢。

成功之道在於發揮優勢而不是克服弱點。為了回

答這些問題，你需要一種簡單的方法，來區分什麼是與生俱來，什麼可以在實踐中學會。現在，爲你介紹三個精確定義的名詞：才能是你油然產生並貫穿始終的思維，感覺或行爲模式。優勢識別器所評測的便是你的各種才能主題；知識由所學的事實和課程組成；技能是做一件事的步驟。這三者——才能，知識和技能合在一起就構成了你的優勢。你的才能是先天的，而技能和知識能通過學習和實踐而獲得。

例如，作爲一名銷售員，你能夠學會如何介紹你的產品特性，甚至能學會問恰如其分的去瞭解每個潛在客戶的需求，但是你永遠不可能學會，如何在恰到好處的時刻以恰到好處的方式推動這位潛在客戶掏錢購買。後者是才能。

我們建議你深入瞭解知識，技能和才能。學會將它們相互區別。識別你的主導才能，然後針對性地獲得相應的知識和技能，繼而將它們轉化爲優勢知識——如智力，才能是價值中性的。如果你想改變生活方式，用你的優勢爲別人造福，那你就應改變你的價值觀，而不因枉費心機的試圖改變你的才能。

　　這道理同樣適用於自我意識。很多人表面上的脫胎換骨，實際上不過是默認一些無法改變的東西——才能。我們不會變，我們只是接受了自身才能，然後據此重新安排生活。才能是任何一種貫穿始終，並能產生效益的思維，感覺或行爲模式。因此，如果你天生好奇，這是一種才能；如果你好勝，這是一種才能；如果你有魅力，這是一種才能；如果你做事持之以恆，這是一種才能；如果你責任心強，這也是一種才能。

　　任何貫穿始終的思維，感覺或行爲模式，如果能產生效益，就是一種才能。頑固不化，如果你所做的工作需要你在強大的抵抗面前固執己見——例如銷售或出庭律師，那麼頑固不化就是一種才能。成功之道，在於發揮優勢而不是克服弱點。只有充分發揮自己的長處才能培養才能，發揮技能，注重效率，才能更快的取得成功。

03

為你所擁有的 東西而慶幸

　　人要懂得去滿足自己，懂得滿足自己也就是懂得如何讓自己過得快樂，如果只看到別人比你出色比你強，而因此悲傷、不快樂，這就是大錯特錯。不同人的滿足程度是不同的，對於一個乞討的人來說，只要能夠填飽肚子，就會因此而感到滿足。但對於一個作家或發明家來說，填飽肚子又如何能夠滿足他們。對於他們來說，只有發表一篇文章或發明一種很有價值的東西，才能夠使他們得到滿足。但是，只要他們在自己追求滿足的範圍之內就是幸福的。如果他們都追求著各自超過自己範圍而是別人所能做的，不但自己得不到自己所擁有的快樂，而且還會痛不欲生。就如同在河裡捉魚一樣，你總是覺得自己捉的魚不是最大的，在這悄然中你失去了太多的大魚，最後什麼都沒捉到。我們要滿足於自己的範圍，享受自己所得到的東西，所應有的快樂。

生活中有太多的不滿，不是不滿意而是不滿足。得到的、沒得到的、好的、更好的，對人如此，對事也如此。過的簡單點，想的簡單點，生活中有那麼多的誘惑，總不能照單全收。誰都嚮往平淡的生活可又渴望刺激的生活。平淡的婚姻、刺激的婚外情，窮瘋了的人想要一夜暴富。現實生活中有太多這樣的例子，其實誰都沒有錯，但是這種行為不僅會讓我們自己迷失，還甚至會失去原來已經擁有的一切。

就像普希金的《漁夫和金魚的故事》。因為故事老太太的貪心，最終導致他們還是一無所有。珍惜現在的生活、珍惜所擁有的、珍惜朋友、珍惜愛人和家人……懂得用心靈去滿足的人，才是最幸福的人。

幸福應該是一種持久的心態，而世間的萬物都在不斷的運動。這種運動會使任何的事物都不可能具有固定的形式。並且我們周圍的一切，每一天都在發生日新月異的變化，我們自己也在不斷的改變更新，誰也不敢保證自己的明天仍然愛他今天所愛的一切。那麼還是及時地從心理上的滿足當中來獲得好處吧！切莫因自己的過失而失去這種滿足，但也別指望將它留

住，因為那純粹是癡心妄想。

我們常常看見那些心滿意足的人，每天面帶笑容的對待一切。因為幸福並不具有外表的標誌，想要認識它，就得看透一個幸福的人的內心世界，而滿足感則是洋溢在眼睛，臉上，舉止和姿態中，似乎可以傳遞給每一個人。

幸福和滿足是相輔相成，缺一不可的。只有當我們擁有了幸福的時候，我們才會真正體會到滿足的滋味，它是那樣的令人興奮，激動，令人忘記所有的不愉快。所以說幸福是一種「善」的品格，滿足是一種「美」的享受；幸福是一種愛心的奉獻，滿足是一種善意的回報。如果把自己的快樂建立他人的痛苦之上，是永遠也談不上幸福，永遠得不到真正的滿足。

張果老自從成仙以後，每日在民間尋訪度化。有一天，他走到一個村口，看見一對年老的夫婦在擺攤賣水。於是他就走上前去，藉買水的時候跟老夫妻搭話。他問他們日子過得怎麼樣，老夫妻都說很貧困。他又問你們有什麼願望啊？老夫妻都說要是能開個酒

店賣酒日子就好過了。張果老就告訴他們說，在你們村旁的山頂上有一塊形狀非常像猴子的石頭。石頭旁邊有三個泉源，現在三個泉源都被灰塵堵住了。你們明天去山上把灰塵都清理出來，泉源就會自動流出有酒味的水來。又給他們一個葫蘆，說就把這個葫蘆裝滿就可以了。

第二天天還沒亮，老夫妻兩個就爬上山去，找到了張果老說的那塊石頭。打掃淨了泉源，看見果然有水流出來。舀一點嚐嚐果然是酒味，老夫妻兩個大喜，裝了一葫蘆就回去賣了，剛好能賣一天。他們兩個就這樣天天上山裝酒回來賣，日子過得漸漸好起來。

不知不覺一年過去了……張果老又來到這個地方。

他問老夫妻現在日子過得怎麼樣啊，老夫妻說：「嗯，自從聽了你的話找到酒後，日子還不錯。就是沒有酒糟，不能餵豬，不然就更好了。」

張果老聽後，搖頭歎息，念出一訣：「天高不算高，人心比天高。清水當酒賣，還嫌沒有糟」，飄飄然去了。從此以後，山上的泉源就枯涸了，再也沒有

水酒湧出來了。

其實幸福本身就是一個很抽象的東西，摸不著也看不到，唯一能衡量他的就是一種感覺，一種讓人情感的某一個神經為之觸動的感覺。這種感覺有很多種表現的形式，大多數都是那種發自內心的一笑，就能夠給人這樣的感覺。當然也有一種就是因為感動喜極而泣。雖然表面上是淚水但是充斥與內心的仍然是幸福的。

如何才能夠幸福呢？其實很簡單，那就是兩個字：「滿足」。人們常說的知足常樂就是這個道理。其實人的內心很多都是很脆弱的，同時人也是很貪婪的動物，往往不懂得珍惜身邊所有的事物，總覺得是理所當然的事情。

但是當你失去的時候才發現，其實你身邊那些簡單的事物不是與生俱來的，而是你身邊的愛人，關心你的人為你營造的。就例如愛人下班時的一句輕聲問候：「回來了，辛苦了。」或者在你晚上睡覺時，父母為你蓋好被子，這些簡單的動作，都是一種幸福感

覺的傳遞。

　　如果你漠視這些生活的小細節，那就等於你漠視了幸福。忽視了幸福，如果對於這些你還不滿足，你還奢求更多的話，那你就永遠都得不到幸福。因為幸福已經在你身邊，你視而不見而已。身邊的都得不到。你還能得到什麼呢！

　　所以，想要幸福就是要懂得滿足，懂得感激，對你身邊所有的一切都細心一點，懷著一顆感恩的心去對待那些善待你的人，相信你一定會成為世界上最幸福的人。

04

清除一切 嫉妒心理

　　佩思說過：「嫉妒者給別人帶來的是煩惱，給自己帶來的卻是痛苦」。是的，誠如他說的那樣，嫉妒別人的人，打擊不了別人，只是傷害自己罷了。

　　嫉妒好比肩上負著重擔，會使自己彎腰駝背；同樣，嫉妒別人或對生活不滿，也會使自己因冷漠而顯得蒼老。生活中，有些人特喜歡嫉妒別人。這種人看不得別人比他(或她)好、比他(或她)優秀、比他(或她)完美。如果讓他遇見比他(或她)好的人，就會用惡毒的語言誹謗別人。甚至無中生有，搬弄是非。

　　這種人就是沒文化修養、無德的。可是這樣的人自己還不知道，還覺得自己很讓人喜歡，真誠的朋友都遠離他而他還不知道，還覺得自己的朋友很多——無非都是酒肉朋友。這樣的人讓人覺得可憐，因為活得太假了，活的太累了。每天把自己沉沒在虛偽的世界裡，活的不快樂，活的沒有自我，沒有尊嚴。愛嫉

妒的人是不會幸福的，更不會有許多的朋友，因為這樣的人把心都用在怎樣去嫉妒別人，怎樣去中傷他人，怎樣把自己裝扮的更完美，沒有時間去顧及他人……因此，這樣的人是不會有幸福生活的。

我們要想活得快樂，就要對別人以坦誠，給別人多一些微笑，這樣會活的快樂、充實、幸福。要善待身邊所有的人，不要用嫉妒的眼光對待身邊的人，這樣就會朋友多多，開心多多，幸福多多，自己也會成為一個快樂的人，幸福的人。

還記得我們都熟悉的那個例子嗎？第一次登上月球的人，其實共有兩位，除了大家所熟悉的阿姆斯壯外，還有一位是奧德倫。當時阿姆斯壯說的「我個人的一小步，是全人類的一大步。」，在全世界，這已經家喻戶曉。有一個記者，在慶祝登陸月球成功的記者會上，突然問奧德倫一個很特別的問題：「由於阿姆斯壯先下去，成為登陸月球的第一個人。你會不會覺得有點遺憾？」全場的氣氛變得有點尷尬，全場都為他的答案捏一把汗。奧德倫很有風度地回答：「各位，千萬別忘了，回到地球時，我可是最先出太空艙

的。」他環顧了一下四周，又笑著說：「所以我是由別的星球來到地球的一個人。」大家在笑聲中，對他給予了最熱烈的掌聲。

不去嫉妒他人不但是一種修養，更是一項美德；團隊的成功就是每個人的成功。那麼，你會不會欣賞同學或同事的成就呢？你會不會願意從心裡給別人熱烈的掌聲呢？

幾十年過去了，或許，人人已經不再記得奧德倫，他大度而不失幽默的回答也漸漸被我們忘卻。但，幾百年之後，即使人類已經到月球繁衍生息了，我們還依然需要奧德倫那樣的美德——玉成他人，真誠分享朋友的快樂，不讓塵土般的憂煩、懊惱、侵擾潔淨如蓮的心靈。

每個人都應該記住的一句話：美德猶如耳鳴。真的，有一種聲響，我們自己聽到就足夠了。如果別人得到了一團叫做「不遺憾」的火，就請你微笑著將自己手中那一塊叫「遺憾」的冰遞過去，冰融的時候你的心注定會轉暖。自己不曾擁有，就快樂地欣賞別人的擁有，不讓日子淪於暗淡，不讓心緒陷於頹喪，這

是我們每個人一生都需要努力、需要堅持的。

　　有個女人有幸遇見了上帝，上帝對她說：「從現在起我可以滿足你任何一個願望。但有一個條件。就是我必須雙份於妳的鄰居。」

　　女人剛一聽喜出望外，卻又隨之一怔。心想：要是我得到了一份田產，那鄰居就是兩份田產；要是我得了一箱金子，那她就要得兩箱金子。更要命的是，要是我得了個幸福的家庭，而本來醜陋無比的她，注定要得到兩個男人的愛。女人絞盡腦汁想來想去，還是沒有想出什麼好辦法。最後，她咬咬牙對上帝說：「萬能的主啊！請去掉我的一隻手吧！」

　　當然，這種方式的嫉妒也許有些誇張，但是卻足以說明嫉妒的人有多麼的醜陋和可怕。我們一定要端正心態，不僅不去嫉妒他人，對於你的優秀，也許會帶來別人的嫉妒，關鍵是對於他人的這些嫉妒，我們應有的豁達的心態。

　　這個觸目驚心的故事，還讓我們明白一個道理：

如果讓人類自身的惡性循環下去，所有美好的東西也將會成為嫉妒的殉葬品。

嫉妒也是如此，它本不應該成為我們生活中不幸的因素。不可否認，人人都有嫉妒之心。面對別人的嫉妒，我們能做得就是要做得更好，透過我們的努力，把別人的嫉妒變成真正的讚賞。

有的人在生活中可能會遭到別人的嫉妒，因為才能出眾，比別人人緣好。或許有些人盡挑你的不是，拿你的缺陷在大眾面前公開審判，以慰藉他們失落的心緒，證明只是自己沒有碰到聰明的伯樂。嫉妒扭曲了人性，扭曲了靈魂，扭曲了人的正常情緒。這時，你需要忍受，這樣，那些說你的人感到自己終於勝了你一回，他們得意了，一切嫉妒也就會終於此，而不會再有任何擴大的可能性，同時你也可以得到他人的尊重。

嫉妒是魔鬼，很容易使自己身陷泥沼，蒙蔽了那本就淺薄的內心，更加使人忘記了奮鬥。因此，我們要像忍受孤獨和痛苦那樣忍受嫉妒。還要學會用時間和努力來粉碎嫉妒。

在古代，孔子就曾說過：「聰明聖智，守之以愚；功被天下，守之以讓；勇力撫世，守之以怯；富有四海，守之以謙。」孔子的這些話語不僅是一種單純的策略，事實是，當一個人在鮮花與掌聲中時，更需謙虛、謹慎，這不僅防備被嫉妒，而且能從根本上調整自己。我們應該學會以妥協和退讓的方式來面對嫉妒者，這樣，就會讓他們感受到你真誠的愛心，這些愛心可以融化那些嫉妒者，進而消除和化解嫉妒。

我們不僅僅不能去嫉妒他人的成就和才能，還應該學會盡可能的忍受他人的嫉妒，不要因為別人的嫉妒就放棄自己的理想，讓自己成為一個平凡的人，讓自己的潛力沒有爆發的地方，而是要懂得別人的嫉妒從另一方面來看其實是對你能力的肯定，不要忍受不了別人的嫉妒，而與他人發生爭執，這樣只會達到相反的作用。

聰明的人懂得利用他人的嫉妒，作為自己能力的展現，懂得利用別人的嫉妒來不斷激勵自己，促進理想的實現，最後在嫉妒的催化下把所有的事情都做得更好。

　　總而言之，不必嫉妒他人，你只需要更努力；也不必爲被他人嫉妒而煩惱，你只需要更加努力，讓這嫉妒變成一種欣賞。

05 讓你的心靈 學會感恩

　　美國著名作家芭芭拉・安吉露絲說：「感恩就是讓我們與自己的心做朋友，直到發現自己是愛與寧靜的泉源。」感恩是進入心的大門，它能打開我們與他人之間的距離，容許生活中有更多的愛與關懷。

　　我們在成長的過程中，一定會受到許多人的關懷與愛護，讓我們覺得我們就是在幸福與快樂的天堂中成長，但是在面對這樣的關懷與愛護時，應該時時記住讓感恩之心永遠相隨，只有這樣我們才可以不斷地生活在幸福人間裡。可以說，感恩就像是最新科技的過濾器，具有病毒掃毒和防火牆的功能，幫助我們不受負面能量的侵襲，同時又可以創造快樂、開心和愛等正面情緒。

　　一個十分信奉上帝的年輕人，有一天專門來到教堂請教神父：「請告訴我，在哪裡才能找到上帝？」

神父打量了一下年輕人，緩緩地說：「你找上帝幹什麼？」年輕人說：「我要當面告訴他人世間的艱苦與辛酸。」神父說：「你現在就回家去吧，你的願望會實現的。」年輕人十分欣喜地拜謝了神父後就啟程回家了。很多天後，年輕人一直在等待上帝的出現，可是上帝始終都沒有出現。一個月之後，年輕人又懊又悔，就急匆匆地直奔教堂，並把這些天的經歷向神父娓娓道來，氣憤地說：「你為什麼欺騙我？」神父聽完之後，哈哈大笑說：「其實這些天來，你已經找到過上帝。在你幫一個老人挑柴的時候，在你攙扶一個盲人過馬路的時候，在你給予一個乞丐美食的時候……」年輕人還沒聽完，就叩謝神父轉身走了。

每個人都希望自己無所不能，像上帝一樣偉大。但其實正如那個年輕人一樣，我們人人都是上帝，你不僅是別人的上帝，別人也是你的上帝。當你施福給別人的時候，你得到的也不僅是別人的回報，更重要的是得到靈魂的快樂；當別人施福給你的時候，你得到的也不僅僅是幫助，更重要的是獲得了一顆感恩的

心。

讓感恩之心時刻相隨，我們便會更加感激和懷想那些有恩於我們卻不言回報的每一個人，正是因為他們的存在，我們才有了今天的幸福和喜悅；我們便會以給予別人更多的幫助和鼓勵為最大的快樂，便能對落難或者絕處求生的人們伸出援助之手，而且不求回報；我們便會對別人對環境少一分挑剔，而多一分欣賞；我們也會逐漸原諒那些曾和你結怨甚至觸及你心靈痛處的那些人。

每年11月的最後一個星期四是美國人的感恩節。每逢「感恩節」，美國舉國上下熱鬧非凡，做感恩祈禱，舉行感恩活動，品嚐「感恩火雞」，藉此感謝已經擁有的和即將得到的。「感恩節」是美國的，但「感恩」卻不分國度。

全身癱瘓的英國著名物理學家霍金以一顆感恩之心，創造出一段生命的奇蹟。當一位女記者不無悲憫地問：「霍金先生，盧伽雷病已將你永遠固定在輪椅上，你不認為命運讓你失去太多了嗎？」他依然恬靜地微笑著，用還能活動的手指敲擊鍵盤：「我的手指

還能活動，我的大腦還能思維；我有終生追求的理想，有我愛和愛我的親人和朋友；對了，我還有一顆感恩的心。」心靈的震顫之後，掌聲雷動。人們深受感動的並不是因爲他曾經的苦難，而是他面對失去還能擁有一顆感恩之心。

　　如果你想走好人生路，你就常懷一顆感恩的心吧。從滴水之恩到湧泉相報，這一美德應該世世代代傳下去而且更應該越傳越好。感恩，是人們奮鬥的動力。人在強烈的感恩之心驅使下，會刻苦地學習、會勤奮地工作、會熱心於善事、會執著地追求、會無私地奉獻，自覺地用實際行動來報答這些恩情；否則自己的良知就會譴責自己，會內疚不安。

　　感恩，是人間的真情。如果人人都有了感恩之心，人間就有了陽光與溫暖，就有了博愛與善良，就有了真心與忠誠，就有了團結與融洽，就有了寬容與諒解，就有了協調與和諧。

　　感恩之心時時相隨，我們就可以平心靜氣地面對許多事情，就可以認真地做好每件小事，就可以真正做到嚴於律己寬以待人，可以正視錯誤、互相幫助，

就能生活在一個團體的環境裡感受著大家的溫暖……人生道路上不可能永遠一帆風順，總會碰到曲折坎坷，總會有挫折失敗，總會有人為你指點迷津，讓你再次揚帆遠航，駛向幸福的彼岸，此時你能不心懷感恩嗎？如果你有了這樣的一種心態，並將感恩之心永遠放在大腦裡，那當他人遇到困難的時候，請及時的伸出你的援助之手幫他們渡過困難，相信在看到他人幸福快樂的微笑時，你也可以感受到上帝的快樂。

感恩是一種生活態度，一種處世哲學，一種智慧品德。有人說過：「生活就是一面鏡子，你笑，它也笑；你哭，它也哭。」無論生活還是生命，都需要感恩。感恩是一種境界，感恩的人，經常想的是自己應該如何奉獻；不懂感恩的人，經常想的是別人欠自己，如何去索取。學會感恩，這是立身做人的要求。感恩不同於一般的知恩圖報，而是跳出狹隘的視野，追求健全的人格，堅定崇高的信仰，建立遠大的理想。感恩需要砥礪德行，自覺培養良好的道德和高尚的情操。不僅學會如何做事，更要學會如何做人。

如果你能懷有感恩之心，就能更好地處理與他人

之間的關係，就可以創造更為融洽的關係，更為團結的環境，相互理解的機會……常懷感恩之心，給別人掌聲；給別人機會，成功也會向自己走近；給別人關照，就是關照自己。在我們不斷感恩的過程中，就可以不斷提升自身的修養和境界，成為眾人所尊敬、受世人稱道的人，就能為你的心靈不斷充電。

滿足瑜伽術小結

當今的世界充滿了各種誘惑，有些誘惑讓人無法抵禦。人們的生活，在誘惑中越來越複雜，越來越沉重，越來越有壓力。心靈的包袱也越來越厚。有時自己都不知道自己是誰？為什麼活著？

所以，滿足瑜伽術要讓我們學會知足，不要把自己的標準定得太高。一個把名利看得太重的人注定是不會快樂的。只有深入瞭解自己，才能揚長避短，才能放開胸懷，不去嫉妒，不去傷懷，而是感激自己所擁有的一切。

心靈瑜伽減壓術 Heart Yoga
A Great Way to Soothe Out Your Stress

一個人要有所成就，很簡單，
就是把所有的精力都投入自己
的目標去就行了。

第五章

放棄瑜伽術
得不到，就放手吧

Heart Yoga

A Great Way to Soothe Out Your Stress

我們應該學會放棄，明白這點，也許你就會在失敗、迷茫、愁悶、

面臨「心苦」時，找到平衡點，找回自己的人生座標。

放棄其實是一種選擇。

走在人生的十字路口，你必須學會放棄不適合自己的道路；

面對失敗，你必須學會放棄懦弱；

面對成功，你必須學會放棄驕傲；

面對老弱病殘，你必須學會放棄冷漠，實施救助……

只有在困境中放棄沉重的負擔，才會擁有必勝的信念。

放棄我們必須放棄的、應該放棄的，甚至比擁有更重要。

01 瞭解你真正想要 的東西

　　在一座山上，有兩塊相同的石頭，三年後發生截然不同的變化，其中一塊石頭受到很多人的敬仰和膜拜，而另一塊石頭卻受到別人的唾罵。受人唾罵的石頭極不平衡地說道：「老兄呀，在三年前，我們同為一座山上的石頭，今天產生這麼大的差距，我覺得好痛苦。」另一塊石頭答道：「老兄，你還記得嗎？在三年前，曾經來了一個雕刻家，你害怕割在身上一刀刀的痛，你告訴他只要把你簡單雕刻一下就可以了，而我那時想著未來的模樣，不在乎割在身上一刀刀的痛，所以產生了今天的不同。」

　　這兩塊石頭的差別在於：一個是知道自己想要的，一個是卻關注懼怕的。我們人生也是一樣，總是因為其他的事情忽略了自己真正想要的。一定要明確自己想要的到底是什麼，只有明確了自己想要的東

西，我們才能一步步地走向成功。

　　從上面兩塊石頭的故事，我們可以看出其二者的之所以不同，是因為它們當初對自己的定位不同，關注不同。大家都有這樣的經歷，過去的幾年裡，同是兒時的夥伴、同在一所學校唸書、同在一個部隊服役、同在一家公司工作。幾年後，發現曾經的夥伴、同學、戰友、同事都變了，有的人變成了「佛像」石頭，而有的人變成了另外一塊石頭。

　　之所以先前的微小差別到後來的巨大的差別，是因為他們從來對細小目標的清晰與模糊，是因為他們從來對自己的定位不同、方向不同，心靈不知道向何處走。假如生命危在旦夕，你人生最大的遺憾是什麼？假如給你一次重生的機會，你最想做的事情是什麼？如果發現了你最想要的，就把它馬上明確下來。你就會發現：明確就是目標，明確就是希望，明確就是力量，明確就會讓自己下定決心堅定不移向自己的方向邁進。在這個世界上沒有什麼做不到的事情，只要能明確，下定決心去做，就一定能做得到。

　　每個人的目標都是不一樣的，不同的人有不同的

目標；每個人達到的手段也都是不一樣的，一個人就有一種手段，一個人就有一種靠自己手段獲得成功的途徑；但是有一點，成功的人是非常相似的，那就是為了達到目標，他們都會集中精力，專心經營。

有一家非常小的生產哨子的公司，他們起初生產的哨子是提供給大家的，銷路還算不錯，但是後來他們附近又建了一個更大的哨子生產廠。由於，這個新工廠的資金比較大，所以工藝流程很完善，生產的成本又低，使得小公司瞬間沒有了顧客。

但是這家公司並沒有氣餒，他們改變了策略，只生產馴狗師用的無聲哨子，並且把這個哨子發揚光大，很快的，他們又再次盈利。而且，他們再也不在一個地區賣哨子，而是把哨子賣到了世界。

從上面的故事，我們不得不佩服這家企業的經營之道，把所有的雞蛋放到一個籃子裡，然後心無旁騖地照看好。其實，我們生活中也是一樣，人生的路有千萬條，條條大路通羅馬。關鍵要找到自己的羅馬，確定自己的人生方向，專注於自己的人生目標。

歷史上，大凡有成就的人，無不在確定方向

後，執著追求，努力不懈，專注於一個目標甚至到了「癡」、「傻」的地步，例如牛頓錯把懷錶當雞蛋煮，例如蓋茲爲研究某個問題幾夜不睡。

愛迪生，在1871年聖誕節舉行婚禮。婚禮正在進行時，愛迪生突然不見了，他去哪裡了呢？居然是去做他的實驗了。因爲愛迪生突然想到自己正研究的電報機，注意力一下子集中到發明上，竟不自覺地跑到實驗室做起實驗。愛迪生之所以能成爲偉大的發明大王，和他的專注精神有直接的聯繫。

我們每個人的天賦有差別，但是差別不大。最大的差別就是我們對於確定目標以後的專注程度。英國著名作家查爾斯・金斯利說過：「當我朝著確定的目標，一往無前地追求的時候，這個世界好像再也不存在其他東西一樣。」所有傑出人士成功的祕訣，是他們絕大多數人都會集中精力去完成自己的目標。

人的精力本來就是有限的，分散精力很容易一事無成。生活中很多人之所以沒有實現早年確定的目標，主要是因爲他們涉足太多領域，養成了見異思遷的習慣，難免分散注意力，結果阻礙了他們獲得成功

的步伐。什麼東西都涉及，沒有將全部的精力傾注在一件事情上，便只能學到一些皮毛，而事實上卻是在浪費生命。真正的強者都是那些集中精力專注某一領域，並且堅持不懈地探索，最終成爲該領域內幾乎無人能與之媲美的專家。

如果你分散精力，即使你很有才華，但由於你缺乏堅強的意志力，不能承受連續的工作，只是沉浸於各種幻想之中，從不採取任何實際的行動去實現目標，進而浪費了大量的時間和精力。那麼在你短暫的人生中，也只是徒有才華，一事無成。

一位聰明的牧師曾經說過：「小時候，我認爲雷聲足以使人致命；但是當我長大以後才知道，閃電才是讓人致命的。後來我就下決心要像閃電一樣，而不去做虛張聲勢的雷聲。」

精通一件事，你就會在這件事上做得十分出色。很多人在確定人生目標的時候總是猶豫不決、搖擺不定，這樣是不會成功的。如果一個人沿著確定的目標集中精力努力的話，獲得成功的機率就會非常高。一發子彈不足以穿透一個橡木板，但是多發子彈對著同

一目標發射的話，就足以穿透。太陽光能點燃一根火柴嗎？不能，但是如果我們用了凸透鏡聚光，情況就不一樣了。

一個人要有所成就，很簡單，就是把所有的精力都投入自己的目標去就行了。所以，在這之前，一定要明確這個你想為之努力的目標。因為一個選擇，只能決定一條道路；一條道路，只能到達一方土地；一方土地，才能開始一種生活；一種生活，就會形成一個命運。用心靈來明確自己的真正最想要的，放棄一切該放棄的東西，才會獲得自己所需要的生活，才會獲得任自己馳騁的一片藍天。

02 積極選擇 果斷放棄

　　2008年9月15日，由於受次貸危機影響，美國雷曼兄弟公司出現了巨額虧損，申請了破產保護。作為華爾街的巨無霸之一，雷曼兄弟公司破產衝擊了整個金融市場，還引發了全球「金融海嘯」。處在這樣一個經濟危機的環境中，如何選擇，如何放棄，是關係到企業和個人能否生存和發展下去的關鍵。

　　不僅是經營企業，人生也是這樣，生活中很多事情都是選擇的結果，而每個選擇必然都有個反面，即放棄。拿報紙出版來說，從頭版新聞到影視評論，每一個版面的組成都是編輯選擇的結果。選擇刊登這條消息，就等於放棄了另一些內容。這樣做只是為了在被廣告日益擠壓的狹小空間裡，爭取把最有價值的東西擺在讀者面前。選擇其中一個，你就得放棄另外的幾條路，甚至可以這樣說，只有當你能夠放棄其他的方式，你才能安心地選擇剩下的一種。

越南流傳著這樣一個故事：

法國人從越南撤走以後，一個農夫和一個商人在街上尋找財物。他們發現了一大堆燒焦的羊毛，兩個人就各分了一半背在自己身上。歸途中，他們又發現了一些布匹。農夫將身上沉重的羊毛扔掉，選了些自己扛得動的較好布匹。商人卻將農夫丟下的羊毛和剩餘的布匹統統撿起來背在自己身上，重負使他氣喘吁吁，舉步維艱。

走了不遠，他們又發現了一些銀質的餐具。農夫將布匹扔掉，撿了些較好的銀器背上，而商人卻因為沉重的羊毛和布匹，壓得他無法彎腰而難以撿到農夫拾剩下的銀餐具。天降大雨，商人的羊毛和布匹被雨水淋濕了。他飢寒交迫地走著，最後摔倒在泥濘中；而農夫卻一身輕鬆地迎接著涼爽的雨回家了。他變賣了銀餐具，生活頗為富足。

從上面故事中我們看到：生活中太多的機會、太多的誘惑，也有太多的慾望，可是我們畢竟分身乏術，

腳踩兩艘船都會晃悠，更何況三艘、四艘呢？許多時候，得到就是失去，而失去也就是得到，捨得捨得，就像那個農夫一樣，有捨才有得。

生活就是這樣，在堅持選什麼的同時，你也選擇放棄了另一些東西。人往往就是因為捨不得放棄，選擇才變得異常痛苦。但也正因為捨不得放棄，人生才變得異常沉重，甚至因為不堪重負而過早地衰亡。

翅膀上繫著黃金的鳥兒是飛不起來的。一個行囊，如果已經裝的太滿了，就會很沉、很重，很累。一個生命背負不了太多的行囊，拖著疲憊的身軀走在人生大道上，我們注定要拋棄很多。果斷的放棄是面對人生，面對生活的一種清醒的選擇，只有學會放棄那些本該放棄的東西，生命才會輕裝上陣一路高歌；只有學會放棄走出煩惱的困擾，生活才會倍感絢麗富有朝氣。

如果一味地糾纏在那些毫無意義結果的東西上，拚命地追求本該放棄的，本該苦苦追求的卻毫不足惜的放棄，到頭來會是一場空，甚至是死路一條。

有一位祖父做了一條長龍。長龍腹腔的空隙，僅僅只能容納幾隻半大不小的蝗蟲慢慢地爬行過去。但祖父捉過幾隻蝗蟲，投放進去後，牠們卻都在裡面死去了，無一倖免。

祖父教育孫子說：「蝗蟲性子太躁，除了掙扎，牠們沒想過用嘴巴去咬破長龍，也不知道一直向前可以從另一端爬出來。因此，儘管牠有鐵鉗般的嘴殼和鋸齒一般的大腿，也無濟於事。」

當祖父把幾隻同樣大小的青蟲從龍頭放進去，然後再關上龍頭，奇蹟出現了：僅僅幾分鐘時間，小青蟲們就一一地從龍尾爬了出來。蝗蟲的死是因為牠不懂得去選擇，牠只知道不停地掙扎，也不懂得放棄，所以只有死路一條；而青蟲卻相反，牠懂得放棄，知道如何去選擇，所以牠活了下來。

命運一直藏匿在我們的思想裡。許多人走不出人生各個不同階段或大或小的陰影，並非因為他們天生的個人條件比別人要差多遠，而是因為他們沒有想過要將陰影紙龍咬破，也沒有耐心慢慢地找準一個方

向，一步步地向前，直到眼前出現新的天地。

如果說執著是一種精神，那麼放棄是一種勇氣和境界。得不到的或不該得的，就該果斷放棄。匆匆的生命有限的人生，不允許我們四面出擊分散自己的時間和精力，在大好的時光中忙忙碌碌終無所成。

執迷不悟是一意孤行的固執。如果只知道逃避，不如正視現實，咬咬牙勇敢地放棄那力不從心卻又苦撐硬撐的執著。在清醒地選擇之後，明白了自己意志的支點，一切都變得單純而明朗般地寧靜了。

扔掉擾心的煩惱，忘記失敗的沮喪，封藏痛苦的記憶，堅定地把許多的過去踩在腳下，留在身後。選擇了瞬間的清醒，就等於選擇了瞬間的成長。及時調整心態坦然面對失去，正確看待失去學會忍受失去，讓胸襟更豁達一些，讓眼光更長遠一些，為了成就一番事業，為了實現自己的人生目標，經常為自己整整枝，排除那些不必要的留念和顧盼，鞭策鞭策自我，以便集中精力與人生的追求。

人生猶如大海，廣博深邃而又神祕莫測。我們每個人都像小孩一樣，在海邊跑來跑去尋找著自己美麗

的貝殼。有的人，只要是自己喜歡的統統攬在懷裡，當他發現無法全部帶走時，在取捨之間猶豫不決：有的人，只要找到一個或幾個自己喜歡的就心滿意足地回去了，今後永遠不到海邊，因爲他已經有了自己的寶貝；有的人，東挑西揀的也沒有發現自己最喜歡的美麗貝殼，帶著無奈空手而歸；有的人，不滿足於沙灘上的貝殼，走向大海的深處，不僅拾到了美麗的貝殼，而且還意外地發現了珍珠……如果是你，你會如何選擇自己的人生？

回想過去的人生旅途，每個人無時無刻不在面臨選擇，上帝是公平的，因爲祂賜予每個人的機會是均等的，同時上帝賦予每個人以至高無上的權利──選擇。選擇一個怎樣的人生取決於你自己，祂不會告訴你該怎樣選擇，只是善意地提醒你人生會因選擇的不同而產生不同的結果。

生命的價值也許就在他的一次性：你永遠沒有後悔的機會。所有的快樂和傷痛，所有的微笑和淚水，只代表過去。

選擇了生，就放棄了死；選擇了希望，就放棄了

03

抑制你內心 的貪婪

在澳洲，有一片名叫「Spring book」的草原，那裡的草長得特別肥美，所以那裡的羊群發展得特別快。而每當羊群發展到一定的限度，就會出現一種非常奇怪的現象：走在前面的羊群總能夠吃到草，而走在後面的總是只能吃剩下的，於是後面的羊群在前面羊群吃草的時候，就會拚命地跑到隊伍的前面。

就這樣，羊群為了爭奪食物，都不願意落在後面，這樣草原上就形成了一個非常壯觀的場面，羊群都朝著一個方向不停地奔跑。草原的盡頭有一片懸崖，羊群跑到懸崖邊緣也全然不去理會，於是整群的羊就往懸崖下跳⋯⋯

一開始，羊們只是為了貪吃一點青草，但為了爭奪這一點青草，最後卻貪「吃」掉了自己。其實牠是在提醒我們：當貪念開始升起時，別忘了提醒自己，貪念會把你帶到懸崖。

在北極圈裡，北極熊幾乎沒有天敵，然而愛斯基摩人卻能輕易地捕獲牠們。這是因爲北極熊有一個特性，愛斯基摩人就是利用了牠們的這個嗜好。他們把動物的血凍結成冰，中間藏進一把雙刃匕首，然後把這種精心製作的冰塊扔在雪原上。當北極熊聞到血冰塊的氣味時，就會迅速趕到，並開始貪婪地舔著血冰塊。舔著舔著，北極熊的舌頭漸漸麻痺，刀刃劃破了它的舌頭，鮮血湧了出來。隨著不斷地舔下去，刀口越劃越深，鮮血越湧越多，最後北極熊因失血過多，休克暈厥過去，進而輕易地落入了愛斯基摩人的手裡。

北極熊，就像一些大權在握者，他們也像北極熊一樣，在他們的權力範圍內，幾乎沒有「天敵」。然而，他們中總有一些人，下場可悲，或淪爲階下囚，或送上斷頭台。那麼，是誰害了他們？不是別人，就是他們自己的嗜好。因爲總有那麼一些別有用心的人，在窺探著他們的嗜好：你嗜好金錢，便用金錢來餵你；你嗜好美色，便用美色來餵你；你嗜好虛榮，便用虛榮來餵你……結果，有些人在享樂中，漸漸變

得麻痺起來，漸漸失去了理智，最後因失去了做人做官的底線而受到法律的嚴懲。

貪婪的本性幾乎是與生俱來的。貪婪也從平平常常的吃喝玩樂開始。當嬰孩含著母親的乳頭吸吮不放的時候，貪婪開始成型。無知的大腦雖然沒有貪婪的概念，但是乳汁的美味已經被記憶儲存，以至仿造乳頭形象的無味的奶嘴都成爲誘惑。你不可否認，嬰兒已經懂得辨認什麼是他所需要的。因爲當奶嘴越吸越覺得無味的時候，他們的哭泣所呼喚的是記憶庫裡能產生乳汁的乳頭，那才是他們真正需要的。

稍稍長大的時候，會玩積木，玩拼圖的時候，孩童已經學會廢寢忘食，大人用盡方法才能將他們騙回飯桌。行爲的進步和豐富使他們覺得新鮮，他們的精力開始旺盛，而原先摯愛的奶嘴、乳汁、懷抱已然無法滿足他們更高的追求。玩樂，開始給他們帶來更多神經上的刺激和快感。即便他們懵懂地意識著，貪玩裡確實也有貪念。

貪婪是慾望的表現形式之一，它源於對現狀的不滿足，受到周邊環境的影響、刺激而誘發。隨著年齡

173

的增長，閱歷的豐富，每個人的行為環境不斷擴張，多方面地接觸社會、生活以及人性。這種環境範圍的擴大在某種程度上講也是刺激因素的激增。從不會喝酒到會，從不會抽菸到會，從不會上網到會，所有這些行為的豐富，都是最初誘惑的延伸。例如一個人喝酒，開始覺得苦澀，或者連聞一聞都受不了，沾上一滴、兩滴，一杯、兩杯之後，覺得其實也還好。黃湯下肚後，神經的刺激與麻醉帶來的飄飄然感覺也蠻不錯。在周圍酒友的起哄和渲染，便第一次醉了。這之後就不用說了，就算可以掌控到不醉，來上幾杯甚至幾瓶對於他來說，沒什麼大不了的。但是這個由不會喝酒到會喝的整個過程裡，都牽連著貪婪。

貪婪往往也夾帶著冒險主義，因為貪婪的源頭是不滿足，為了滿足必然要放開手腳一拼。三番兩次之後，只要對酒精不過敏，其中的刺激被深深體會到了，就不免變本加厲，以至最終養成喝酒的習慣。喝酒沒什麼不好，酗酒就很糟糕。因為人性裡有貪，就怕貪無止境。

性越來越解放，性的誘惑密佈生活週遭。人類因

為有性愛，才和動物一樣繁衍後代。但是性愛的內容如果僅限於此，那麼人類就真與動物無異了。性愛有時是排解和宣洩的手段，是完美生活的補充形式，但畢竟不是全部。靈愛賦予性愛更豐富的內涵和蘊意。通常來說，男人見了漂亮的女人就流鼻血，而女人見了風度翩翩的男人就「發春」。

這裡首先排除雙方對異性的審美與欣賞，單單說這鼻血和「春」意。應該來說這兩樣東西如出一轍，都是性激素的分泌。興奮過度容易導致此類現象發生，而性挑逗的外在因素往往叫常人難以控制或者檢點自己的行為，活生生就「死皮賴臉」地「春」意盎然起來。此種對異性的貪婪也同樣來自對現狀的不滿：或者對己有一方的身材樣貌的不滿，或者因為比較自身財富地位的增長而得出的「失衡」、「失落」感，或者來自純粹的性幻想。這些貪念裡有現實的因素，但是往往因為行為的失控而越陷越深，不能自拔。

對金錢和權力的貪婪似乎是天經地義。人活一世，窮困潦倒，申冤的勇氣都會喪失。有了權和錢，說話的聲音都大。然而追求的另一端往往就是貪婪，

知足常樂並非迂腐怯懦。一個人擁有了一百萬，自然想要一千萬。有雄心抱負很好，在事業的追求當中，即便金錢權力不斷湧來仍能面不改色，坦蕩爲人，貪婪就不再是貪婪，而是進取、堅定；但是如果控制不了自己慾望的增長，想達到不可一世的境界，沉醉於金錢的數字化增長，迷信於權力的無所不能，那麼貪婪的終端就是滅亡。成年人更容易走錯路，經驗與閱歷豐富的側面，也是誘惑的豐富，如何控制自己的慾望變得尤爲重要。認識自己的弱點，並適時地隱藏，以知足常樂相告誡，這樣即便你的骨子裡有貪婪，也能減少誘惑的衝擊，在一定程度上和範圍內也可以得到抑制。

誰沒有貪婪的一面？人皆有之。說到底只有行爲上的抑制與強迫才能避免貪婪的愈發不可收拾。不論年紀，只要誰學會了自我檢點與約束，誰就徹底戰勝了人類的勁敵——自己。

04 人生是條單行道　不要沉淪後悔中

　　現實生活中，有些人做了錯事，事後醒悟過來時，常常自我埋怨，自我譴責，以致自我懲罰，心情十分痛苦、內疚和懊惱。這種情緒活動就是人們通常所說的悔恨，其實，在漫長的人生道路上，人們都會因這樣或那樣的過失，帶來某種悔恨的心情。

　　對大多數人來說這種不良情緒很快就會消失，不至於影響身心健康，但也有上述那種人陷入悔恨的泥沼中不能自拔，甚至失去了走向未來生活的信心。這種不良情緒必然會使人體免疫機能減退，導致多種疾病的發生。因此，要學會控制這種情緒，不能讓它妨礙我們的身心健康及對美好明天的追求。

　　美國一位教師曾用一個形象的事例來教育學生擺脫徒然無益的悔恨：在課堂上她將一只裝滿牛奶的瓶子朝地上猛摔下去，瓶子破碎了，牛奶流了滿地。她告訴學生：「你們可能對這瓶牛奶感到惋惜，可是這

種惋惜已經無法使這瓶牛奶恢復原樣了。因此，在你們今後的生活中發生了無可挽回的事時，請記住這摔破了的牛奶瓶。」這位教師道出了一個生活哲理——如果明知錯誤已經形成，而且無可挽回，卻偏要去挽回，這樣做是徒勞無功的。

當我們因失誤而後悔時，重要的是要在悔中求悟，要弄清楚自己辦錯事的原因何在，今後應如何避免，這樣的後悔才有意義，也不會陷入悔恨的泥潭。因為這種深思反省不是老是糾纏於過去，而是放眼今後怎樣少做後悔事。

不要因生活中的一些細小過失而後悔，如果事事追悔，恐怕一個人一輩子都會生活在數不清的悔恨之中。如果錯已造成，且又無法彌補，要當機立斷，汲取教訓，以後不要再犯。這種很乾脆的自我警告，比放在心裡悔恨更有用。

一個人也不要為沒有取得預期效果的努力而悔恨。我們在做一件事之前，總不可能準確地預測到究竟能否成功，我們總不能等把未來的一切前景都看清楚了，有了足夠的把握時才開始行動，只要盡力而為，

即使某些努力沒有達到目標，這種努力依然是值得的，無須後悔。

二戰後，曾有過不少有關德、日兩個戰敗國修復戰爭創傷的描寫，令人至今難忘的是兩個細節，一是德國在徒有四壁的陋室中擺著插有一朵花的瓶子；一個細節是日本小學生坐在坍塌的教室旁晨讀。這兩個細節反映了兩個民族的精神以及他們在失去面前達觀向上的態度，這是不屈的民族生命力所在，也是二戰後德、日兩國迅速崛起並成為強國的精神動力。

拿破崙・希爾說：「當我讀歷史和傳記並觀察一般人如何度過艱苦的處境時，我一直既覺得吃驚，又羨慕那些能夠把他們的憂慮和不幸忘掉並繼續過快樂生活的人。」原因何在呢？莎士比亞給出了答案。莎士比亞說：「明智的人永遠不會坐在那裡為他們的損失而悲傷，卻會很高興地去找出辦法來彌補他們的創傷。」生活中，我們必須面對現實，接受已經發生的任何一種情況，使自己適應，然後就整個忘了它，繼續向前走。

　　燕雀、荊棘和海鷗聽說大海是個廣闊的市場，到那裡的人們都能賺到很多錢，於是牠們決定一起去闖蕩一番。燕雀變賣了所有的家當，又四處奔波，湊到了一筆本錢上路了；荊棘想做服裝生意，於是進了各式各樣的衣服；海鷗想：「海上的人食物很單調，我就販賣罐頭吧，不會變質，一定受歡迎。」牠們懷著各自美好的夢想上船了。

　　但是，牠們的美好夢想很快就泡湯了，一場突如其來的暴風驟雨把牠們的船打翻了，燕雀裝本錢的箱子，還有荊棘和海鷗的貨物全部沉到了海底。唯一幸運的是，牠們三個都平平安安地回到了陸地上。

　　燕雀垂頭喪氣，擔心遇到債主，白天就躲藏起來，到了夜深人靜的時候才謹慎的出來覓食；荊棘一直在想，說不定自己的衣服被海上的人撿到了穿在身上，於是派牠的親戚朋友站在路邊，有人路過就拉住別人不放，看看究竟是不是自己的衣服；海鷗也心有不甘，整天在海上盤旋，琢磨著罐頭可能會沉到什麼地方，時常潛下水去尋找。但是他們誰也沒有想到應該重新振作，去開拓新的事業。那麼誰會有東山再起

的機會，自然不言而喻。

　　青春是什麼？是資本、是美麗、是活力、是財富
……但中年者、老年者最羨慕的，是青春意味著可以
重新來過，意味著輸得起。

　　人在年輕的時候就像一張白紙，什麼都不知道，
什麼都沒有。握著兩個空拳，撐一個缺乏經驗的頭腦，
體內卻充溢著使不完的精力。一張青春而美麗的臉，
印滿了「無知」這種字眼。但是，正因爲青春時期的
無知，年輕人沒有城府，不知道深淺進退，所以凡是
他們都敢想、敢做。初生之犢不畏虎，正所謂「沒有
輸過的賭徒，不知道賭場的凶險，才敢連命都賠上」。

　　這看起來很可笑，其實不然。敢想、敢做、敢賠，
這正是年輕的優勢。這是立身在天地之間，立身在他
人之中的第一步。不管這一步站不站得穩，不邁出這
一步，此後成家立業便無從談起。但由於青春畢竟城
府太淺，經驗太少，能力太差，往往只能以盲目開始，
以跌倒畫上第一個句號。

　　拿青年跟中年人、老年人比較，則剛好相反。中

老年人見的世面太多，城府太深，考慮的問題太多，他們太知道人情世故了，這使他們在處理問題時會瞻前顧後，患得患失，畏首畏尾。閱歷和經驗，本來是一種能力和財富，此時卻變成了他們的一種負擔。因為他們已有所得，所以他們極害怕失去；因為他們已歷經滄桑，所以他們很害怕風險；因為他們已較有面子，所以他們很害怕丟臉；因為他們已較有錢財，所以他們很害怕賠本；因為他們時間不多了，所以他們很害怕再折騰；所有這些都使他們處在一個很被動的位子上，心態上早失去了銳意進取的鋒芒，這使他們輸不起，怕輸，不敢輸。但是你越怕輸，輸的可能性就越大。因為你故步自封，作繭自縛，怎麼會不被日益前進的生活浪潮所淘汰呢？不過，這時的人恐怕也只好知命、安命了。

因此，跟中老年人相比，青春因無知而敢做、敢試反成了一種福氣。在這種意義上，我們可以說，敢試、敢做、敢輸，是上帝賜給青春的一大財富，它們是青春制勝的一大法寶。

輸沒有關係。只要別把底氣輸了，跌倒了再爬

起來，沒有什麼大不了的？說不定更好的在前方，等
待你去相遇；錢丟了，沒關係，可以再賺回來；背上
三五年楣運，仍然很年輕；累了，睡一覺又充滿活力。
人生是單行道，我們不能沉溺在後悔裡。起碼我們還
有青春，我們一定會取得成功！

學會在生活中　彎腰與退步

　　李白曾有「安能摧眉折腰事權貴，使我不得開心顏」的憤慨；鄭燮曾有「千磨萬擊還堅勁，任爾東西南北風」的堅韌；白居易曾有「可使寸寸折，不能繞指柔」的剛直……但是生活中，未必所有的人都有這樣的節氣，而這種做法也未必是最合適的。我們應該在生活中學會彎腰和退步。

　　一個狂風呼嘯的夜晚，樹木被吹得東倒西歪無力地呻吟著。別的樹木都是順著風勢，壓低枝幹，而松樹不低頭，不彎腰，整個身子在風中晃動，以樹根為中心，一圈圈地晃。漸漸地，松樹晃動的幅度越來越大，都能看見根了，可依然寧折不彎，隨著一聲巨響，松樹轟然倒下。

　　沒想到，第一個倒下的，居然是那最剛直的。為什麼？就因為它太直不肯屈服。那些表面上看起來懦弱的樹木用俯首的姿勢讓風刮過，不製造阻力。逃過

一劫；而松樹，濃密的松針，挺拔和樹幹擋住了風，風有了阻力，刮不過去，自然就把它摧毀了。它敗在能伸，卻不能屈。

人何嘗不如此呢？在富蘭克林身上就發生過這樣一事：

一日，富蘭克林去拜訪自己的老師，他昂首闊步地走著，沒想到進老師家門的時候，一頭撞在了門框上。富蘭克林揉著腦袋，看著低自己半顆頭的門框，一臉沮喪。老師見狀，哈哈大笑對著富蘭克林說：「這就是我今天要教給你的，該低頭就低頭！」富蘭克林由此悟出了很多做人的道理。

是啊，該低頭就低頭，一個人不可能一生都挺著腰桿子做人。在這裡我們並不是讚美那些沒骨氣的人，也不是批評李白他們的氣節，而只是想說：只有能屈能伸的人，才可以在這個社會上立足。

當年韓信的胯下之辱，不是一般人能忍受得了的；再想想伍子胥，他在父兄被害後，東躲西藏，該

磕頭時磕頭，該開溜時開溜……也許有的人覺得他倆不像英雄，倒像兩個懦夫。可是最後呢？他們都成就了偉業！俗話說：「大丈夫能屈能伸」就是這個意思。

有這麼一種樹，它的枝幹永遠不會被積雪壓斷，因為這種樹是有彈性的，當積雪太厚時，它就會慢慢向下彎，彎到一定程度，上面的積雪就落下來，樹枝便又恢復原狀。

生活中我們何不做一個這樣的人呢？有時彎彎腰，有時低低頭，很多事情就在舉手投足之間解決了。當然，能屈能伸並不是要附和別人，別人所說的一切都是對的，都要去學習。而是應該有自己的判斷，堅持自己的原則。

作為一個具有正常思維的人，誰都不會漠視他人對自己的評價，我們謹言慎行就是不願意授人以柄。很多時候，他人的議論，他人的說道，他人的觀點，他人的態度都會對自己的心情和行為產生極大的影響。賽場上的啦啦隊員無疑會影響到運動員的成績，至少也會影響到運動員的士氣。他人的意見往往也是我們自己行為的鏡子，我們總是在別人的目光中調校

著自己人生座標。自以爲是、剛愎自用那是愚蠢。但是唯唯諾諾、隨波逐流那是窩囊。縱觀中外歷史，無論經濟還是政治，大凡成功人士都有一個共同的特點，那就是：做人有主見，處事敢決斷。膽小怕事的「鴕鳥人」和人云亦云的「鸚鵡人」永遠都不會走近成功。遇事有主見，那是要建立在對客觀事物正確的認識和判斷的基礎之上的。有政治高度的人的主見才會是真知灼見，堅持正確的主見才會取得被社會認可的成功。

不僅要有彎腰的氣度和主見的氣魄，我們還要有謙虛的心態：凡事要學會謙讓和退步。車上吵架的人，甚至動武的人。起因都是微不足道的：你碰了我一下，我踩了你的腳，如此等等。試想，在擁擠的公共汽車上，誰能不碰誰呢？這樣的事情也值得大動干戈嗎？如果我們每個人都謙讓一步，衝突就不會發生，社會就會更加美好。我們應該學學張英，主動謙讓。

張英的家人修治府第，因地界的問題與鄰居發生了爭執，兩家在當地都是名門望族，誰也不甘示弱。

187

張英知道此事後，修書一封勸解家人，內容為：「千里修書只為牆，讓他三尺又何妨。萬里長城今猶在，不見當年秦始皇。」

張英的家人接信後依照他的意思，在原地界上讓出了三尺土地，以示不再相爭。鄰居看到張家這樣處理此事，自覺也有不妥之處，遂做倣張家又讓出了三尺土地。於是就剩開了六尺的巷道。一時間，兩家處理問題的做法傳為美談。

謙讓，讓我們的心裡更平靜，讓我們更加受人尊重。做大事要不拘小節，不要為一點點的小事而與人爭得面紅耳赤。主動謙讓一步，保持紳士的風度，別人會更加欣賞你，覺得你值得信任，有辦大事的潛質。

講究禮貌是處理人與人之間關係不可缺少的規範。人與人之間互相觀察和瞭解，一般都是從禮儀開始的。一個舉止優雅、彬彬有禮的人，更容易交到朋友、找到工作。正如一位哲人所說：「那些明智的和有禮貌的人們，他們特別謙虛謹慎，從不裝腔作勢、裝模作樣、誇誇其談、招搖過市。他們正是通過自己

的行為而不是言語來證實自己的內在品性。」

　　我們應該保持謙卑的心態，懂得禮貌，不驕傲自大，這樣才能取得更大的成功，得到別人的認同。

放棄瑜伽術小結

　　人常常因為貪婪和執拗而喪失了自己的主見和辨別是非的能力，不斷地被假象所迷惑和愚弄。貪婪是一種頑疾，越是貪婪，越想擁有更多。人的慾望是無止境的，一個貪婪永不知足的人等於在愚弄自己。

　　在無法達到的「擁有」面前，放棄瑜伽術告訴我們讓心靈解脫的方法，那就是：得不到，就放手吧。懂得放棄，我們才不會因為得不到而悵然所失。放棄也許是另一種獲得，心靈上的獲得，一片寧靜，一片釋然。

心靈瑜伽減壓術 Heart Yoga
A Great Way to Soothe Out Your Stress

面對紛繁世界的誘惑，我們應
該知道什麼時候接受，什麼時
候捨棄。

第六章

自然瑜伽術

帶著心靈回歸本性

Heart Yoga

A Great Way to Soothe Out Your Stress

> 或許你需要負擔某些義務,但是不要忘記,當我們願意付出時,
>
> 回報也是無可限量的。

心靈是我們的誕生地,亦是我們未來回歸的地方。

若訓練對自己的心靈敞開心扉,

我們將感受到與心靈的密切契合,也能感受到內心的喜悅。

心靈的深度如同白光,是簡單純正的光芒,是太陽炙熱的光芒。

雖然我們用肉眼無法看見日光,但是用稜鏡折射陽光時,

它們會分散成七彩光束或彩虹,我們就能看見它。

同樣地,當心靈白光通過經驗的反射,折射出七彩的光束時,

我們便能察覺心靈的源頭。

帶著心靈回歸本性,你就會發現另一片美景。

01 找回你的 善良本性

　　人之所以爲人，是因爲人懂得羞，然後懂得了美醜，進而能夠明辨善惡，最後有了是非觀念；爲了辨別更加複雜的是與非，又有了邏輯思維，之後爲了徹底解決眾多是非糾紛，運用邏輯思維把是非進行分類，於是有了大是大非；爲了更好地明辨大是大非和解決，以及運用大是大非，於是有了哲學，有了價值觀和世界觀；爲了把世界觀和價值觀更加簡潔有效地運用到現實生活中，又有了方法論。所以哲學包含世界觀和方法論。

　　這些複雜的過程構成了社會的發展、人類的文明。但是就是在這種複雜的變化中，使得人類失去了自我判斷，無法辨明是非。有的時候，世界觀和方法論也都是錯誤的。

　　余秋雨說：「我們的歷史太長，權謀太深，兵法太多，黑箱太大，內幕太厚，口舌太貪，眼光太雜，

預計太險。因此，對一切都『構思過度』。」受這種
思維的影響，原本單純的孩子們早早地背負了「世界
比你想像的還要複雜」的重殼，還未出校門就對社會
產生了巨大的畏懼感，害怕自己無法適應這個「複雜」
的社會。出了社會以後，往往不懂得如何明辨是非，
無法分清什麼是好的，什麼是壞的，什麼是對的，什
麼是錯的。慢慢的人格出現了扭曲，認善為惡，認惡
為善，固執己見。

今天有人大喊一聲：「我沒有正義感」、「我就
是不喜歡上車讓座」……那麼這些人必定是缺乏自我
的，沒有自己判斷事物的標準，只是盲目的看見了浮
躁的社會表面。而沒有自己堅持的自我，不知道什麼
是好是壞。這樣的人，只喜歡別人說自己的好，不喜
歡別人說自己的不好。

面對不同的事情，每個人的價值觀不一樣，所作
的取捨便不一樣，所走的人生路也便不同。近些年來，
隨著社會風氣的轉向，我們都變得有點浮躁。太過於
緊迫的壓力逼我們不擇手段地去追求快速成功學。於
是，各種關於權謀的書鋪天蓋地，熱衷權謀也成為一

個趨勢。某些斤斤計較、工於心計、心狠手辣的人，也會佔到一些便宜。但更多的情況卻是，我們對別人怎麼樣，別人就會對我們怎麼樣。

關於這點，數學家兼政治學家 Axe lord 曾做過一個著名的試驗。他邀請了許多學者和精英，讓他們把心中最優的制勝規則寫下來。然後將這些規則翻譯成電腦程式，輸入電腦，讓它們進行「戰鬥」。經過激烈地角逐，最終勝出的規則是——爭鋒相對。即：如果別人不欺騙，自己永遠不欺騙；如果別人欺騙，馬上懲罰欺騙者；如果欺騙者悔改，馬上寬恕他，讓他返回合作的軌道。

人與人之間的規則亦是如此。與其用陰謀換來爭鋒相對的陰謀，不如堅持自己內心最基本的原則，進而換來立業的正道。

權謀並非是成功的必經之路，普通人用得到的很少，成功的人也未必屑於用它。玩弄權謀耍小聰明雖然有可能佔到一點小便宜，但畢竟眼光太過於狹小，欠缺了做大事的大氣和根基。

在我們人格的成長之旅中，我們逐漸形成了第三

隻眼睛，這就是我們日漸成長的世界觀和價值觀。而
這第三隻眼睛，正是我們內心原則的體現。我們應該
知道什麼事該做，什麼事不該做，事情應當做到什麼
程度。面對紛繁世界的誘惑，我們應該知道什麼時候
接受，什麼時候捨棄。這些都需要我們堅持本心。只
有不斷堅持內心的基本原則，保持心靈的潔淨、堅守
內心的正義、追求內心的真誠，才能取得更大的成功。

比爾‧蓋茲有句名言：「每天早晨醒來，一想到所從事的工作和所開發的技術將會給人類生活帶來的巨大影響和變化，我就會無比興奮和激動。」

比爾‧蓋茲的這句話闡釋了他對工作的激情。他認為，一個優秀的員工，最重要的是對工作的激情，而不是能力、責任及其他（雖然它們也不可或缺）。他的這種理念已成為微軟文化的核心，像基石一樣讓微軟王國在 IT 世界傲視群雄。將每一份工作都當成第一份工作來做的人，是企業最欣賞的人。

任何企業都希望員工對工作抱有積極、熱情、認真的態度。因為只有這樣的員工才是企業進步的根本。具有激情的員工能夠感染別人的情緒，使事情向良好的方向發展。對於工作飽含激情的人，永遠都是企業最為欣賞的人。

微軟公司寧願任用曾經失敗的人，也不願要一個

處處謹慎卻毫無建樹的人。微軟在對應徵人員面試中有一個名為「挑戰」的祕密測試武器。「挑戰」的最早版本出現在口頭進行的斯坦福—比奈智商測試中，測試的人可能會給出無標準答案的公開試題，例如：在不使用秤的情況下，怎樣稱出一架噴氣式飛機的重量？答案顯然不是唯一的。如果被測試的人不斷地改變答案，那麼得分為零。只有在被測試者利用邏輯為自己的答案進行辯護，並連續挫敗兩次「挑戰」時，答案才會被認為是正確的。

在整個面試過程中，考官會引導應徵者說出一些完全肯定、毫無爭議的正確答案，然後說「等一下」，故意和他唱反調，直到他們能夠充分證明自己答案的正確性為止。沒有激情的應徵者會選擇放棄，這樣的人絕對不會被錄取。而一個有激情的應徵者會始終堅持自己的立場，這樣的人才可能被錄用。

讓我們看看一個普通的微軟員工是怎樣看待工作的吧。微軟亞洲研究院前任院長李開復回憶起這樣一件事：有一位微軟的研究員經常在週末開車出門，說去見「女朋友」。一次偶然的機會，李開復在辦公室

裡看見他，問他：「女朋友在哪裡？」他笑著指著電腦說：「就是她呀。」

　　微軟的員工都非常渴望參加一些全球性的公司內部會議，這些會議對新員工尤其具有強大的震撼力。成千上萬的人聚在一起交流，每個人的臉上都洋溢著對技術近乎癡迷的狂熱和對客戶發自內心的熱情，這樣的會議通常是在大家的歡呼，甚至是眼含熱淚的情況下結束的。如果這些場景能夠激起你同樣的感情，你就能夠自然而然地融入其中。一位微軟人說：「沒有這種熱情，你在和客戶交流的時候就很難說服他們。這種熱情就來自於某種內在的東西。在微軟工作，熱情與聰明同等重要。」

　　有了工作熱情才會有工作成果。工作熱情是一種洋溢的情緒，是一種積極向上的態度，更是一種高尚珍貴的精神，是對工作的熱衷、執著和喜愛。它是一種力量，使人有能力解決最艱深的問題；它是一種推動力，推動著人們不斷前進。它具有一種帶動力，洋溢於表、閃亮於言、展現於行，影響和帶動周圍更多的人熱切地投身於工作之中。工作熱情並不是身外之

物，也不是看不見摸不著的東西，它是一個人生存和發展的根本，是人自身潛在的財富。

　　根據美國經濟學家羅賓斯的理論：「人的價值＝人力資本×工作熱情×工作能力。」一個人如果沒有工作熱情，那麼他的價值就是零。沒有工作熱情的人，工作時一定是不專心的，整天做的就是熬時間，等吃飯，等領薪水，等休息……

　　事實上，工作熱情和工作能力並非處於同等位置，工作熱情是工作能力的前提和基礎，工作熱情可以促進工作能力的提高。有了工作熱情，才會豐富工作成果，才能證明工作能力。沒有工作熱情，整天混日子，那麼只會日漸消沉。

　　工作熱情不是課堂上老師教的，也不是書本上寫的，更不是父母天生給的。它是對於事業、對工作的高度熱愛，對社會、對他人的一片赤誠，對業務、對知識的無限渴求，對人生、對未來的美好憧憬，是用真心點燃的愛的火花，是以愉悅的心情去創造、去拚搏的動力。

　　工作熱情來自於你對工作的態度，當你無法在工

作中找到激情和動力時，請重新思考你所從事的工作的神聖與偉大。任何工作都有它自身的神聖與偉大。假如你做了多年的教師，很有可能對整天和小孩子、和粉筆打交道而厭煩；假如你是醫生，很可能對患者的痛苦和患者家屬的愁容無動於衷。公事公辦式的職業道德在你眼裡可能是可笑的，你可能會想，老闆給我加點薪水可能就會改變我的工作態度。其實，這時你缺少的不是薪水與職位，而是工作的激情。

培養激情還有一個不可忽視的要素，就是建立對公司的歸宿感。

「良禽擇木而棲」，「好」公司，才能留住「好」人才。人們在確立事業的目標時，都會捫心自問：「這是不是我最熱愛的崗位？我是否願意為這個公司全力投入？」一般而言，我們能夠對自己選擇的工作充滿激情和想像力，對前進途中可能出現的各種艱難險阻無所畏懼。

許多人在剛剛踏入職場之初，幹勁十足、激情高漲，對自己的職業前途寄予「厚望」。但用不了多久的時間，工作的平淡就會磨平他們的工作激情，就

會覺得自己像個機器人，每天重複著單調的動作，處理著枯燥的事物。他們每天想的不是怎樣提高工作效率，提升自己的業績。而是盼著能早點下班，期望著上司不要把困難的工作分配給自己。每當工作中出現不順心的事，就會「鼓勵」自己換個工作環境，然而每一次跳槽的結果都不盡如人意。其實，要想擺脫職業困境，就必須想辦法找回工作激情，找到第一份工作那樣的動力。

培養工作激情需要做到兩點：首先，必須明確工作的目的，知道自己在為了什麼而工作是非常重要的。如果是為了理想，為了展示自己實實在在的價值，被他人和社會需要和認可。為了沒有白活一生而工作，而不僅僅是為了一份薪水而工作，那麼就會感到快樂，感到工作總是有激情的。

其次，需要分階段給自己確定目標。人們往往只在爬坡的時候，才會感到幹勁十足，充滿激情。當爬上山頂的時候，反而覺得迷茫。所以，人們需要不斷地幫自己建立新的目標，這樣工作起來才會有方向、有動力，才有助於保持工作熱情。

03

在自身的　長處上提升信心

　　我們大多人很敏感，往往非常在意自己的缺點，以至於常常忘記發現自己的優點——就像童話故事中的「醜小鴨」。然而在生活中，要善於發現自己的優點，要能夠自我肯定，這樣，才能找到屬於自己的自信。

　　可以冷靜分析一下自己現今所處的情況，並且細心列舉出自己的長處(優點)與短處(缺點)來，這樣你就可以發現自己過去不曾注意到的優點了。

　　在生活中，要學會發現自己既有的長處。要學會運用自己最低限度的能力，充分觀察自己的長處，一步一步將真實的自我導引出來，當我們能夠逐步發現自己的長處時，人生的舞台將會越來越生動、有趣，而我們自己也變得非常樂於計劃生活。在解決問題上，並不是應如何彙集必要的條件才能著手解決，而是要組合現有的問題，立刻付諸行動。如果能夠養成

這樣的一種習慣，對於我們現在的生活和將來的工作都非常有幫助。

一位歌唱家是這樣說的：「我並不是最好的，別人的優點我學不來，但我的長處和優點未必人家能學到。」能夠發現自己的優點，就擁有自信的學養。我們要學會對自己進行正確的自我盤點，也就是正確的自我評價。每個人都可能犯錯誤和遇到挫折，因此，我們應該不要無緣無故把自己說得一無是處。也許你有做錯事的時候，例如說錯話，但這並不表示你是笨拙的，也許你有缺點，如小眼睛，但也沒必要感覺自己目光短淺、醜陋。

要瞭解自己的優點和缺點。例如，可以找些小卡片，把它們分成兩種顏色：一種代表優點，另一種代表缺點，每張卡片寫一個優點或缺點。然後檢驗一下哪個優點還沒發揮，怎麼去發揮這個優點；哪個缺點是你可以不在乎且可以忽略的，把這些可以忽略的、不在乎的缺點丟掉。這樣做你就不會過分保護自己；然後你會發現自己的優點比缺點多。這樣做不僅僅能使你更好地發揮自己的優點和克服自己的缺點，還能

讓我們在生活中更有信心。

要學會欣賞自己的優點。什麼是自信？其實，自信就是自己信得過自己，自己看得起自己。別人看得起自己，不如自己看得起自己。

美國作家愛默生說：「自信是成功的第一祕訣。」又說：「自信是英雄主義的本質。」人們常常把自信比作發揮主觀能動性的閘門，啟動聰明才智的馬達。毫無疑問的，自信對人們一生的成長是至關重要的。

要建立自信心，就要正確地評價自己，發現自己的長處，肯定自己的能力。人們常說人貴有自知之明，這個「明」，既表現為如實看到自己短處，也表現為如實分析自己的長處。如果只看到自己的短處，似乎是謙虛，實際上是自卑心理在作怪。「尺有所短，寸有所長」。每個人都有自己的優勢和長處。如果我們能學會客觀地估價自己，在認識缺點和短處的基礎上，找出自己的長處和優勢，並以己之長比人之短，就能激發自信心。

在生活中，要學會欣賞自己，表揚自己，把自己的優點、長處、成績、滿意的事情，統統找出來，在

　　心中「炫耀」一番，反覆刺激和暗示自己「我可以」、「我能行」、「我真行」，就能逐步擺脫「事事不如人，處處難爲己」陰影的困擾，就會感到生命有活力，生活有盼頭，覺得太陽每天都是新的，進而保持奮發向上的勁頭。「天生我才必有用」。

　　要學會正確認識自己，重建自信，這需要改變只看到自己的短處，用自己的短處比別人的長處的思維方式，反過來經常想想自己有哪些長處和優勢，以自己的長處去比比別人的短處，進而逐漸改變自己對自己的看法。在改變對自己看法的同時，再將注意力轉移到自己感興趣，也最能體現自己才能的活動中去。先尋找一件比較容易也很有把握完成的事情去做，一舉成功後便會有一分喜悅，做完後再同樣定下一個新的目標。這樣，每成功一次，便強化一次自信心，逐漸地自信心就會越來越強。

　　自我調整，在長處比拚中找回自信，也就是學會自己給自己鼓掌，自己給自己加油。這樣，我們便能撞擊出生命的火花，培養出像阿基米德「給我一個支點，我將移動地球」的那種豪邁自信來！

　　當然，學會欣賞自己的優點並不是讓我們孤芳自

賞，也不是讓我們夜郎自大，更不是讓我們得意忘形，毫無根據的自以為是和盲目樂觀，而是讓我們激勵自己奮發進取的一種心理素質，是以高昂的鬥志、充沛的幹勁、迎接生活挑戰的一種樂觀情緒，是戰勝自己、擺脫煩惱、擁抱成功的一種自信。這樣，我們才能從一次次勝利和成功的喜悅中肯定自己，不斷地突破各種羈絆，進而創造自己生命的精采。總而言之，我們每個人都是獨一無二的，每個人都是優秀的，都是上帝的孩子。多想想，如何發現自己的優點，給自己加點自信吧！

　　曾有人做過這樣一個實驗：他們把一隻最兇猛的鯊魚和一群熱帶魚放在同一個池子，然後用強化玻璃隔開。最初，鯊魚每天不斷衝撞那塊看不到的玻璃，耐何這只是徒勞，牠始終不能到對面去，而實驗人員每天都有放一些鯽魚在池子裡，所以鯊魚也沒缺少獵物，只是牠仍想到對面去想品嘗那美味，每天仍是不斷的衝撞那塊玻璃，牠試了每個角落，每次都是用盡全力，但每次也總是弄的傷痕纍纍。持續了好一些日子，一旦玻璃出現了裂痕，實驗人員馬上用一塊更厚

的玻璃擋起來。

漸漸的，鯊魚不再衝撞那塊玻璃了，對那些斑斕的熱帶魚也不再在意，好像牠們只是牆上會動的壁畫，牠開始等著每天固定會出現的鯽魚，然後用牠敏捷的本能進行狩獵，好像回到海中不可一世的凶狠霸氣，但這一切只不過是假象罷了，實驗到了最後的階段，實驗人員將玻璃取走了，但鯊魚卻沒有反應，每天仍是在固定的區域游著，牠不但對那些熱帶魚視若無睹，甚至於當那些鯽魚逃到那邊去了，鯊魚就立刻放棄追逐，再也不願意過去。

可見，軟弱不是天生的，自己放棄自己，最勇猛的鯊魚也會變得軟弱。軟弱就是膽小。孔夫子說：「說大人則藐之，無視其巍巍然。」，見到當大官的心虛膽怯，見到張牙舞爪的人氣短神沮，不能不說是人之常情。不怕人發脾氣，卻怕人哭鬧，是一種膽怯；不怕豺狼虎豹，卻怕毛毛蟲，也是一種膽怯；不怕人間險惡，卻怕杜撰出來的鬼神，又是一種膽怯。人們都知道軟弱是一種弱點，卻很少有人知道軟弱有時候必不可少。諸葛亮在失街亭之後上書後主，檢討自己「不

能臨事而懼」──這個「懼」是什麼意思呢？它不是一般的害怕，而是掌大權的人常常需要有一種「如履薄冰，如臨深淵」謹慎，像他那樣的居首相之位的人，糊塗膽大一定要壞事，處理國事如此，處理家事如此，修身自律也如此。

04 試著相信　你身邊的人

　　有那麼一對情侶，女孩很漂亮，非常善解人意，偶爾會出些壞點子耍耍男孩；男孩很聰明，也很懂事，最主要的一點——幽默感很強，總能在兩個人相處中找到可以逗女孩發笑的方式。女孩很喜歡男孩這種樂天派的心情。他們一直相處不錯，女孩對男孩的感覺：淡淡的，說男孩像自己的親人。男孩對女孩的愛甚深，非常非常在乎她。所以每當吵架的時候，男孩都會說是自己不好，自己的錯。即使有時候真的錯不在他，他也這麼說，因為他不想讓女孩生氣。

　　就這樣過了 5 年，男孩仍然非常愛女孩，像當初一樣。有一個週末，女孩出門辦事，男孩本來打算去找女孩，但是一聽說她有事，就打消了這個念頭。他在家裡待了一天，他沒有聯絡這女孩，因為他覺得女孩很忙，自己不能去打擾他。誰知女孩在忙的時候，還想著男孩，可是一整天都沒有接到男孩的消息，讓

她很生氣。晚上回家後，發了封簡訊給男孩，話說得很重，甚至提到了分手……當時是晚上 12 點。

男孩心急如焚，打女孩手機，連續打了 3 次，都被掛斷了。打家裡電話沒人接。男孩抓起衣服就出門了，他要去找她。當時是 12 點 25 分。女孩在 12 點 40 分的時候又接到了男孩的電話，從手機打來的，她又掛斷了。這一夜，男孩沒有再打給女孩。

第二天，女孩接到男孩母親的電話，電話那邊聲淚俱下。男孩昨晚出了車禍，警方說是車速過快導致剎車不靈，撞到了一輛故障在半路的大貨車。女孩心痛到哭不出來，可是再後悔也沒有用。她只能從點滴的回憶中來懷念男孩帶給她的歡樂和幸福。女孩強忍悲痛來到了事故車停車場，她想看看男孩待過的最後的地方。車已經撞得完全不成樣子了。方向盤上，儀表盤上，還沾有男孩的血跡。男孩的母親把男孩當時身上的遺物給了女孩，錢包、手錶，還有那支沾滿了男孩鮮血的手機。當女孩拿起男孩的手錶的時候，赫然發現，手錶的指針停在 12 點 35 分。女孩瞬間明白了，男孩在出事後還用最後一絲力氣給她打電話，而

她自己卻因為還在賭氣沒有接。男孩再也沒有力氣去撥第二遍電話了，他帶著對女孩的無限眷戀和內疚走了。女孩永遠不知道，男孩想和她說的最後一句話是什麼，也明白，不會再有人會比這個男孩更愛她了！

　　這個故事雖然是個沉痛的悲劇，但是也告訴我們，那就是要相信和珍惜身邊的人。如果我們不珍惜和相信身邊的人，那麼結果可能會帶來遺憾……故事中的女孩，再也找不到更愛他的男孩，自己也不會像愛這個男孩一樣去愛別人了。

　　不僅是愛情，友情也是這樣，我們要相信身邊的朋友，才能不斷得到朋友的信任。中國字很妙，「朋」字是由兩個肉做的獨立個體，因很多方面的相同，進而結交合成的兩個人，就叫做朋友。每個人不能沒有朋友，如同人不能離開群居一樣，有了朋友就不至於落單。從小到大我們交了多少的朋友？可能沒人去數。但是朋友有分好、壞，擇友需要審慎、瞭解，有時候幫助你的人，卻是素未謀面的朋友，所以放開自己的心胸，多認識一些朋友，相對的就多了很多條的

路可走。

　　維克多從父親的手中接過了一家食品店，這是一家古老的食品店，很早以前就存在而且已出名了，但是維克多希望它在自己的手中能夠發展得更加壯大。有天晚上，維克多在店裡收拾，第二天他將和妻子一起去度假。他打算早早地關上店門，以便為度假做準備。突然，他看到店門外站著一個年輕人，面黃肌瘦、衣服襤褸、雙眼深陷，是一個典型的流浪漢。

　　維克多是個熱心的人。他走了出去，對那個年輕人說道：「小伙子，有什麼需要幫忙的嗎？」年輕人略帶點靦腆地問道：「這裡是維克多食品店嗎？」他說話時帶著濃重的墨西哥味。「是的。」維克多回答。

　　年輕人低著頭小聲地說道：「我是從墨西哥來找工作的，可是整整兩個月了，我仍然沒有找到一份合適的工作。我父親年輕時也來過美國，他告訴我他在你的店裡買過東西，喏，就是這頂帽子。」

　　維克多看見小伙子的頭上果然戴著一頂十分破舊的帽子，那個被污漬弄得模糊的「V」字形符號正是

他店裡的標記。「我現在沒有錢回家了，也好久沒有吃過一頓飽餐了。我想……」年輕人繼續說道。

維克多知道了眼前站著的人只不過是多年前一個顧客的兒子，但是，他覺得應該幫助這個小伙子。於是，他把小伙子請進了店內，好好地讓他飽餐了一頓，並且還給了他一筆費用好讓他回國。

不久，維克多便將此事淡忘了。過了十幾年，維克多的食品店越來越興旺，在美國開了許多家分店，於是他決定向海外擴展，可是由於他在海外沒有根基，要想從頭發展也是很困難的。為此，維克多一直猶豫不決。

正在這時，他突然收到一封從墨西哥寄來的一封陌生人的信，原來正是多年前他曾經幫過的那個流浪青年。此時那個年輕人已經成了墨西哥一家大公司的總經理，他在信中邀請維克多來墨西哥發展，與他共創事業。這對於維克多來說真是喜出望外，有了那位年輕人的幫助，維克多很快在墨西哥建立了他的連鎖店，而且發展得異常迅速。

多一個朋友就是多一份機遇。千萬不要抱著回

報的心態交朋友，也不要富貴以後就瞧不起身邊的朋
友，不然你也許就會失敗。

　　朋友，是用心靈來交流的。當你獲得了朋友的幫
助的時候，一定要回饋。也許你的朋友並沒有覺得幫
助你需要什麼報酬，但是你卻要保持做朋友的真誠，
真心的感謝你的朋友，這樣友誼才能長久，你才能結
識更多的朋友。如果因為成功而忽視朋友的話，那麼
將來也許就會失去了朋友同時也失去了他人的信任。

　　試著相信身邊的人，或許他們不是你的家人，但
是他們也許會在未來的道路上幫助你成長，成為你成
功的推進器。

215

05

走進大自然　尋求內心寧靜

　　都市人每天都在忙碌著，有幾人會去留意大自然？答案也許少之又少。其實大自然是我們心靈最好的休息港灣。如果你為工作煩躁，抑或是為生活不安，不妨走進大自然，讓自己的內心真正的安靜下來。

　　走進大自然，我們能看到一棵棵參天大樹，細細聆聽風吹過葉間沙沙的聲音，加上鳥兒嘰嘰喳喳聊天的聲音，奏成了一首好聽的進行曲。風中傳來花開的香味，沁人心脾。輕觸年輪，指尖感到微妙的變化，這就是時間的變遷，生命的輪迴。叮咚叮咚一陣水流聲，匯聚在一條汩汩的溪流，魚兒在水中快活無憂地游動著，有時還你來我往地嬉戲，濺得水花四起。偶爾還能看見幾隻小蝦小蟹。

　　走進大自然，我們會看見重巒疊嶂，千峰萬仞綿亙蜿蜒，屹立著，有的直插雲天，山尖在雲霧中若隱若現，登上山頂，俯視地面上的東西和人，都縮成了

像螞蟻一般渺小。

在山上也得小心，彷彿只要一不小心就會墜入深谷，這是一種驚險的美，磅礡的美，獨一無二的美。如果幸運的話，還能遇上那難得一見的瀑布汛期。瀑布的氣勢十分雄偉壯觀，濺起的水霧飄飄灑灑，水聲震耳欲聾，給人一種異於小橋流水的美。

走進大自然，看看那遼闊的大草原，望著飄飄悠悠的白雲千變萬化，整個人也輕鬆多了；走進大自然，讓我們的心靈更加寧靜，接觸大自然讓我們的生活更加豐富。

下面就為大家介紹到大自然野外活動的必要條件。

俗話說：「良好的開端是成功的一半」。

在開展野外活動之前，必須制訂一個詳細的活動計劃，制訂計劃一方面是使野外活動的目的性明確，即確定活動內容，另一方面可以幫助組織者考慮得更周全。

計劃的周密與否直接影響到活動開展的效果，一個完整的野外活動計劃應包括：活動內容及預期效果，

人員組成、活動時間及日程。

1. 活動內容

首先要確定野外活動內容，以休閒爲主，還是以探險爲主。

若是探險活動，那麼還必須收集一些背景資料，如危險性和成功的可能性，地理、氣象和民俗等方面的資料，掌握前人成敗的經驗和教訓。

探險活動前期必須進行專項技術和體能的訓練，民間的探險活動很難集訓，那麼業餘時間的培訓也必不可少的。

活動項目必須是可行的，野外活動具有一定的挑戰性和危險性，有些活動在技術、體能和經驗方面要求具備一定水準，因此，任何超過自身能力範圍的項目，儘管很刺激、很具吸引力，也不要輕易去冒險。探險活動不是「冒險」切忌單憑熱情或爲爭一口氣而貿然行事。

2. 人員

根據野外活動內容確定人員組成，或根據人員組成確定活動內容，如何進行合理的安排需要組織者悉

心地籌劃。例如，當人數較多時可以安排野外露營，徒步登山等活動，而不宜進行攀巖活動，若僅僅是幾個志同道合的朋友相約出行其安排則具有較大的靈活性。

3. 行程

合理安排野外活動行程，以在有限時間裡使大家都能夠得到最大快樂，是計劃完善與否的關鍵。一般的野外活動大多在週末，在活動場所與食宿地之間的往返要花掉一部分時間(露營除外)，因此交通、食宿與活動要作充分的考慮。

野外活動的準備：一旦確定了野外活動計劃，下一步便是著手進行各項準備工作，準備工作包括針對活動項目的專項技術和體力的鍛煉，物資裝備以及食品的整理、籌措。

4. 專項技術訓練

是指野外活動項目中具有技術成分的迅速，例如攀巖、溯溪等。

訓練應在資深教練的指導下進行，如進行自然岩壁的攀登。事先可在人工場地練習數次，掌握基本的

技術要領，這樣在野外的自然岩壁上攀爬起來，則更能體現攀巖的樂趣。

5. 物資裝備和食品的準備

大型活動，需要特殊裝備或時間較長活動，如登高山、漂流、需要認真做好準備工作，根據人數和活動時間列出所需各種物品的清單，然後逐一進行準備。

6. 安全第一

安全第一是野外活動必須遵循的首先原則，無論是什麼形式的野外活動都可能出現意外，因此安全是野外活動的前提。組織者必須充分考慮到各種危險因素，並預先採取防範措施，同時應加強大家的安全意識。

組織實施野外活動是一件繁雜的事，應由熱心而又具備組織才能的人來擔當。

在野外有時大家意見無法統一的時候，這個人的作用便會充分發揮出來。

一個人的作用總是單薄的，因此分工則顯得尤為重要，交通、食宿、物品等需要有人負責，人數較多

的時候可以分成幾個小組分頭進行，盡量使人員搭配合理。

在項目進行過程中經驗豐富者具有舉足輕重的作用。一可以使活動的安全更有保障。二可以使大家的體驗更加深刻，尤其對於技術性強的活動項目。

善後工作常常被忽視，其實在活動結束最容易發生意外。這時大家都進入興奮之後的疲勞，組織者應妥善安排善後事宜，使大家乘興而來，滿意而歸。

自然瑜伽術小結

進入社會太久，我們自身難免會沾染一些脫離自身的本性，而忽視太多樸質的本性。

自然瑜伽術要求我們找回善良的本性，讓我們找回對生活和工作應該充滿的激情和熱情，讓我們重拾自信，相信別人，相信美好。

這些樸質的本性讓我們的心靈放飛，讓我們找到回歸的快樂。除此之外，回歸自然恐怕是達到心靈放鬆的最簡單，快捷，有效的方式。

　　總之，自然瑜伽術，讓我們的心靈回歸自然，回歸本真，找到快樂。本真讓我們活得自在，獲得輕鬆。本真讓我們在充滿壓力的社會學會釋放壓力。

▶ 讀品文化-讀者回函卡

■ 謝謝您購買本書，請詳細填寫本卡各欄後寄回，我們每月將抽選一百名回函讀者寄出精美禮物，並享有生日當月購書優惠！
想知道更多更即時的消息，請搜尋 "永續圖書粉絲團"

■ 您也可以使用傳真或是掃描圖檔寄回公司信箱，謝謝。
傳真電話：(02) 8647-3660　　信箱：yungjiuh@ms45.hinet.net

◆ 姓名：　　　　　　　　　　　□男 □女　　　□單身 □已婚

◆ 生日：　　　　　　　　　　　□非會員　　　□已是會員

◆ E-Mail：　　　　　　　　　電話：( )

◆ 地址：

◆ 學歷：□高中及以下　□專科或大學　□研究所以上　□其他

◆ 職業：□學生　□資訊　□製造　□行銷　□服務　□金融

　　　　□傳播　□公教　□軍警　□自由　□家管　□其他

◆ 閱讀嗜好：□兩性　□心理　□勵志　□傳記　□文學　□健康

　　　　　　□財經　□企管　□行銷　□休閒　□小說　□其他

◆ 您平均一年購書：□ 5本以下　□ 6～10本　□ 11～20本

　　　　　　　　　□ 21～30本以下　□ 30本以上

◆ 購買此書的金額：

◆ 購自：　　　　　　市(縣)

　　□連鎖書店　□一般書局　□量販店　□超商　□書展

　　□郵購　□網路訂購　□其他

◆ 您購買此書的原因：□書名　□作者　□內容　□封面

　　　　　　　　　　□版面設計　□其他

◆ 建議改進：□內容　□封面　□版面設計　□其他

　　您的建議：

2 2 1 - 0 3

新北市汐止區大同路三段 194 號 9 樓之 1

讀品文化事業有限公司　收

電話／(02) 8647-3663　　傳真／(02) 8647-3660

劃撥帳號／18669219　　永續圖書有限公司

請沿此虛線對折免貼郵票或以傳真、掃描方式寄回本公司，謝謝！

讀好書品嘗人生的美味

心靈瑜伽減壓術